丁如许 —— 著

全新修订
升级版

给班主任的建议

长江出版传媒　长江文艺出版社

图书在版编目（ＣＩＰ）数据

给班主任的建议 / 丁如许著. -- 武汉：长江文艺
出版社，　2020.5
　　（大教育书系）
　　ISBN 978-7-5702-1046-6

　Ⅰ.①给… Ⅱ.①丁… Ⅲ.①班主任工作 Ⅳ.
①G451.6

中国版本图书馆 CIP 数据核字(2019)第 092316 号

责任编辑：马　蓓　　　　　　　　责任校对：毛　娟
装帧设计：壹诺　　　　　　　　　责任印制：邱　莉　　王光兴
_____

出版：长江出版传媒 ｜ 长江文艺出版社
地址：武汉市雄楚大街 268 号　　　邮编：430070
发行：长江文艺出版社
http://www.cjlap.com
印刷：武汉中科兴业印务有限公司
_____

开本：720 毫米×970 毫米　　　1/16　　印张：16.25　　插页：1 页
版次：2020 年 5 月第 1 版　　　2020 年 5 月第 1 次印刷
字数：200 千字
_____

定价：39.80 元
_____

序·做专家型班主任

近年来，班主任的专业发展为越来越多的学校所重视。班主任肩负着建班育人的重任，做班主任的学问被称为"天下第一等学问"。

近年来，教育部和各地教育行政部门、师范院校、中小学都组织开展了形式多样的班主任培训。我也受命担任教育部班主任网络培训首席专家。在培训中，大家经常讨论的是班主任怎样才能快速地成长。大家比较一致的看法是，要重视本土优秀班主任的实践，从他们的工作中总结经验，寻找规律。长期以来，我国有许多优秀的班主任献身教育事业，倾情投入，用青春、热血、生命谱写了建班育人的辉煌篇章，其中就有丁如许老师。

我和丁如许老师相识在四十多年前，那是《班主任》杂志刚创办的时候，从一摞摞来稿中，我发现了这位作者。他很勤奋，给我们写了不少稿子。有些稿子质量不错，以至好几期杂志都发了他的文章，有一期还安排他的文章以笔名出现。

1988年，《班主任》杂志举行了一次作者座谈会，从全国各地邀请了专家、学者和优秀班主任来座谈。那次丁老师也来了。在会上，他介绍了他当时的研究成果"初中班（队、团）全程系列活动"，当时的提法叫"三阶六十步"，得到了与会者的重视和好评。记得我为他带来的班队活动资料题写了一句话："百尺竿头，更进一步。"

1992 年，《班主任》杂志在"新春贺词"《祝愿年轻班主任茁壮成长》一文中，多次提到丁老师和他的初中班（队、团）全程系列活动。我们希望年轻的班主任能加强学习，加强研究，勇于创新，成为专家型班主任。

后来，丁老师曾参加过我们面向全国的班主任培训活动，也曾作为封面人物出现在我们的杂志上。他还经常给我们写稿，但写稿的数量不及以前了。原来他担任了学校的行政管理工作，事情多，头绪多。不过他始终是《班主任》杂志的热心读者和作者，经常有新作在杂志上发表。

进入 21 世纪后，丁老师多次告诉过我他的喜讯：他先后被评为江苏省有突出贡献的中青年专家、江苏省特级教师。代表作《让班级活动成为闪光的珍珠链》入选《中国著名班主任德育思想集》，出版了《中学班级全程系列活动》《青春的足音——丁如许班级活动选》等专著，特别是对班会课继续做深入的研究，主编了"魅力班会课系列丛书"，有《打造魅力班会课》《魅力班会课（小学卷）》《魅力班会课（初中卷）》《魅力班会课（高中卷）》《魅力班会课（中职校卷）》《小学主题教育 36 课》《初中主题教育 36 课》《高中主题教育 36 课》《班会课 100 问》《魅力微班会》《创新微班会》11 本，还主编了《魅力班会课课堂实录精选》系列光盘，在全国各地讲学近 2000 场，许多老师称赞他为"班会研究第一人"。

一个普通的教师通过四十多年的不懈努力，终于成为班主任工作专家。对此，我由衷地感到高兴。现在，他的《给班主任的建议》修订出版，再次邀请我作序，我欣然应允。

我想，做班主任是光荣的，做班主任应有追求，这个追求便是要成为优秀的专家型班主任。

要成为优秀的专家型班主任，我认为应该做到如下几点：

一、要积极实践

班主任工作是实践性极强的工作。有人说班主任工作是"无底洞"，意思是说有做不完的事。我想，从积极的意义上来认识，这正说明班主任工作有许多值得研究的课题。大量的工作、大量的课题，不去实践，不去研究，就难以有真切的感受，难以有研究的成果。班主任工作的许多方面，从个人修炼到工作方法，从班级管理到课余活动，从班集体建设到家校协同教育，丁老师都积极实践。

二、要认真研究

我们不仅要熟悉了解班主任工作的方方面面，而且要开展认真的研究。比如，怎样出班级黑板报、学生出操时教师的站位，怎样遴选班级家长委员会成员，许多问题我们都遇到过，但大多没有给予足够的重视。然而丁老师都做了认真的研究。比如出黑板报，他着眼于人的成长，认为指导学生出黑板报时应体现合作意识、效率意识、质量意识，使学生在出黑板报时学会"高效率、高质量地工作"。学生出操时教师的站位，怎样遴选班级家长委员会成员，书中多有介绍，值得借鉴分享。

三、要善于创造

班主任工作是极富挑战性的。要根据实际情况，研究新方法，探索新思路。班主任工作中的创造往往来自一些小事。像丁老师的全程设计（班级活动、家长会、班委会）、责任班委会、班级活动的教具、"金手指课"等都是他的创造。创造使他的班主任工作充满新意，充满活力。

四、要勤于总结

许多班主任也做了大量的工作，进行了可喜的研究，但没有及时总结。我认为，要经常反思、总结自己的工作，要养成动手写文章的习惯。反思、总结是学习的过程，也是提高的过程。在本书中，丁老师谈到了他有经常写工作笔记的习惯。这是个好习惯。"记下工作的每一天"，记下探索，记下思考，记下成功。记下来后要及时整理，与他人交流、分享，并积极向报刊投稿。文章能发表，一定程度上体现了其质量。本书中的许多文章，都曾公开发表过。这是丁老师善于总结的反映。

我想，积极实践，认真研究，善于创造，勤于总结，其实就是班主任由普通走向优秀、由优秀走向卓越的成功之路。如果我国的班主任都能有意为之，努力使自己成长为专家型班主任，那么我们的学生将会受益无穷。从丁老师的成长历程中，我认识到只要热爱我们的工作，不断地学习，积极地探索、创造，就一定能有收获。

今天已有许多班主任成了专家型班主任。我衷心祝愿能有更多的班主任成为专家型班主任，享受教育的幸福和成功！

王宝祥

（本文作者王宝祥为北京教育科学研究院资深研究员、《班主任》杂志荣誉主编、教育部师范司国家级班主任培训专家、北京师范大学教育培训中心教授。）

目 录 | CONTENTS

第七辑　家校协同教育 / 197

第八辑　班主任科研 / 225

第一辑

班主任修炼

学为人师，固守师之本，行为世范，谨守师之德

——一位普通教师的笔记

志当存高远

和许多青年班主任交流时，我常问老师们想不想做班主任，许多老师告诉我，不想。因为工作苦，因为工作累，因为工作性价比不高。

我感谢老师们的坦诚，但也有点吃惊。我们当年做班主任真没有考虑这么多。今天许多优秀班主任的成长体验，也真切地告诉我们，不要怕苦，不要怕累，不要过于计较物质的待遇；做教师，就要做班主任，而且要做个优秀的班主任。

这就是志当存高远。

我大概天生就是做班主任的料。因为我的母亲就是班主任，我的血脉中流淌着班主任的基因。留在我记忆深处的是，母亲很辛苦，每天早早地就上班，每天很晚才回家。在她的略带忧伤的言谈中，我们知道有的学生家庭困难，需要她的帮助。在她匆忙的步履中，我们知道有的学生调皮捣蛋，需要她的帮助。从她开心的笑容中，我们知道班级发展得很好，她和学生又取得了新的成绩。逢年过节，是母亲快乐的时候，因为有许多贺卡从天南海北飞来，有许多学生特意登门来拜访她。母亲现旅居在美国，一旦回到上海，许多学生来看望她，请她吃饭，欢聚一堂。我作为儿子想请她吃饭，还要等一等，往后排一排。母亲虽然付出很多，也没有获得显赫的荣誉（过去班主任的荣誉称号实在是太少了），但母亲痴迷于班主任工作。从那么多的学生喜欢她、尊敬她，就可以看出她工作的成就。

因为母亲的影响，我一走上教育岗位，就心甘情愿地担任了班主任。那时的想法很简单，做教师只要做班主任，而且要做优秀的班主任。把班带好，是最基本最朴实的想法。

转眼四十多年过去了，回望我的教育生涯，我做班主任就做了17年。17年的班主任经历说长也不长，因为有许多班主任工作的时间比我长，但说短也不短，因为我从教的一半的时间是在做班主任，在班主任工作的一线摸爬滚打，带过不同类型的班级，积累了比较丰富的经验。特别是后来岗位虽然有所变化，不做班主任了，但始终坚持班主任工作的研究，从德育主任到常务副校长、工作室领衔人，与班主任工作结下了深情厚谊，品尝了班主任工作的酸甜苦辣，收获多多。

今天，我要真诚地对年轻老师说，做教师，就要做班主任。不做班主任，你的教师生涯不够充实；不做班主任，你的教师经历不够完整；不做班主任，你的教师人生不够精彩！

因为做班主任，使我们有着只做任课教师无法感受到的丰富的教育体验，你看，入学教育、班集体建设、后进生转化、家校协同教育，许多工作等待着我们去做；因为做班主任，使我们有着只做任课教师无法感受到的光荣的工作责任，你听，千条线，万条线，最后都落到班主任这条线。多少年后学生再聚首时，回忆当年的学校生活，谈起当年的班级，一定不是某年级某班，而是某某老师的班，这个某某老师一定是班主任。在他们记忆的深处，班主任的名字就是班级的符号，凝聚了无数责任的担当；因为做班主任，使我们有着只做任课教师无法感受的精彩的教育人生，你想，要做好班主任工作，班主任需要和时代同步，不断学习、不断发展、不断创新，工作的每一天都是新的，都充满挑战，充满新意，也必然充满精彩。

当然，班主任也有着工作的辛苦、无奈和困惑。确实班主任工作很辛苦，但为什么这么辛苦，说明我们还没有掌握工作的主动性。优秀的班主任举重若轻、驾轻就熟，我们如果加强学习，也能举重若轻、驾轻就熟。确实班主任工作很疲劳，但为什么很疲劳，说明我们事必躬亲，疲于应付。优秀的班主任笑对困难、指挥若定、调度有方，我们如果加强历练，也能指挥若定、调度有方。至于性价比不高，大概是指付出多，收获少。在物欲横流的当下，选择做教师，其实就是选择高尚，就是选择清流。古往今来，教师这个职业的物质生活大概不可能特别富裕，但教师这个职业、班主任这个岗位精神生活的丰富、快乐是许多职业、许多岗位难以获得的。更何况教师这个职业比较安稳，物质待遇也在不断改善之中。班主任岗位和十年前、二十年前比较，发展通道已经明确，发展机会日益增多，机会是垂青有准备的人。

因此，如果我们选择了做教师，就要安心从教。如果我们选择了做教师，就要争取担任班主任。做班主任，就要立志做一个优秀班主任。

"心有多大，舞台就有多大。""不想当元帅的士兵，不是好士兵。"这些人们耳熟能详的话语揭示的是一个真理，那就是：志当存高远。

做优秀的班主任，这个目标定位让我们有了奋斗的目标。优秀不是天生的。奔着优秀班主任这个目标，我们将乐于学习。

做优秀的班主任，这个目标定位让我们有了行动的准则。优秀是需要磨炼的。奔着优秀班主任这个目标，我们将勤于实践。

做优秀的班主任，这个目标定位让我们有了修炼的定力。优秀不是自封的。奔着优秀班主任这个目标，我们将勇于创新。

"天生我材必有用"，我们选择了教师职业，选择了班主任岗位，趁着年轻气盛，仗着风华正茂，一定要好好地干一下，不负青春不负自己。

班主任工作事务繁多，责任重大，但也有着诗和远方。生活从来不会辜负有心人。相信十多年、二十多年、三十多年后，你一定会为志存高远的自己、辛勤努力的自己点个大大的赞！

学习身边的榜样

"三人行，必有我师焉。"作为班主任要善于学习，其实身边就有许多值得我们学习的人。他们和我们一样生活在同一片蓝天下，和我们一起面对众多的事务。他们兢兢业业，心有目标，脚踏实地，言传身教。一路走来，在我的脑海里，他们是那样的清晰、高大。

1. 归侨林老师

我难忘当年在扬州师范学习的生活。作为最后一届工农兵学员，我们非常珍惜难得的学习机会。图书馆里人总是满满的，要早早地去抢座位。听报告，听讲座，也是非常认真。那时学校活动丰富多彩，最使我难忘的是归侨林老师的报告会。

宽敞的教室里，挤满了学生。林老师的话语回响在教室里。他深情地谈起他对中国的热爱，对教育的热爱，对学生的热爱。他所带的班级发生的许多有趣的事，都深深地感动了我。虽然我已记不起他的全名，但他的模样深深烙印在我的脑海里。那时，我就立下了一个志向，要做一个有作为的人民教师，让班上的同学有着不一般的生活，有着不一般的体验，有着不一般的追求。

归侨林老师的一席话能震撼我，能给我留下深刻的印象，我认为还得益于扬州师范优良的教风。徐金梅、丁帆、王功亮，一个个亲切而熟悉的名字，一件件生动而难忘的往事，正是他们平时的言传身教使我有了追求的基础，而林老师的一席话点燃起我心头的火炬，使我充满热情地走向工作岗位。

2. "拼命三郎"洪宗礼

由于实习时的出色表现，我被分配到江苏省泰州中学。在泰州中学，我遇到了许多好的老师。其中影响最大的当为全国著名特级教师、江苏省初中语文教材主编洪宗礼先生。洪宗礼先生与于漪、钱梦龙、宁鸿彬、洪镇涛、张富、欧阳代娜、蔡澄清，并称为"中国当代语文教育改革八大家"。

当时，我每天都走进他的教室听他的课。洪宗礼潇洒的板书、流畅的语言、精巧的课堂构思，特别是对细节的重视，为我打开了一扇门。"原来语文课可以这样的精彩""开放的课堂"使我获益匪浅。

洪宗礼致力于语文教学的改革，他沉浸于工作中，废寝忘食，被誉为语文战线上的"拼命三郎"。他积极进行语文教学改革的实践更潜移默化地影响着我。他与全国许多语文大家有着交往，于漪、钱梦龙、顾黄初、喻旭初、许祖云，借着洪宗礼的交往，我聆听他们的讲座，观摩他们的教学，心有所悟，行有所动。

1986年，在洪宗礼的指导下，我担任苏教版语文教材首轮实验任务。在实验期间不断开课、作介绍、写文章。洪宗礼经常耳提面命，这一阶段是我成长的快速期。1989年实验班学生毕业时，我取得了众多的丰硕成果。

3. "学者院长"徐星祥

在泰州中学工作两年后，我有机会到扬州教育学院学习。扬州教育学院的两年对我来说，是非常宝贵的两年。专业思想得到了巩固，专业知识得到了加强。印象最深的是在毕业典礼上，徐星祥院长的谆谆教诲，"你们在工作岗位上要进行研究，要经常写文章，每年要争取有一篇文章发表。"徐星祥是从基层成长的资深教育专家。他曾担任泰县中学（如今的江苏省姜堰中学）校长。当时，泰县中学因为管理规范而迅速崛起，"三泰"地区（泰州、泰兴、泰县）的教育在江苏很有影响。他的这番话给我留下了深刻的印象。我后来勤于写作，每年坚持写文章。实践使我认识到写文章是实践的记录，是思考的结晶，是进一步提升的基础。今天我能发表较多的著述，和他的这番教诲很有关。徐星祥的简洁论述，以奇特的人格魅力、深厚的学识素养，成为我的座右铭。

4. 书生蒋自立

今天我有幸"走遍全国"，在全国 400 多个市、区、县做过班主任工作的专题汇报。还记得当年首次"走出江苏"是在 1986 年。那一年，应《班主任之友》杂志的邀请，参加在华中师范大学召开的作者座谈会。与会的大多是湖北的作者，外省的只有两位，我和西安的李愿。在座谈会上，我见到了蒋自立。这是我的第一个外省的好朋友。他，大大的眼睛，戴着一副大大的眼镜，头顶早谢。在会上他高谈阔论，慷慨陈词。虽然湖北话不是很好懂，但他热情洋溢，同时比画着手势，发言颇吸引人。会议休息时，他找到我，问我是不是丁如许。因为他从与会者名单上发现外省的不多，便揣摩起来者。"你就是丁如许嘛?"一声亲切的问候迅速缩短了我们的距离。蒋自立当时是武汉中学的政教处主任，在班主任工作中首创了"值周班长制"，《中国教育报》曾在头版头条的显著位置加以报道。我对他是心仪已久的，于是和蒋自立谈了很多。当时做班主任讲座的邀请不少。我们经常穿行于祖国大地，交流经验，碰撞思想，结下了深厚的友谊。

在外地讲学，一般人喜欢游山玩水，但他喜欢逛书店。他还买书送给我们，他认为书是最好的礼物。送书给学生，送书给老师，送书给朋友，在他的影响下，送书也成为我的习惯。他还认为教师一书生，读书、教书，还要写书。他勤于写作，著作等身。在他的影响下，写书也成为我的习惯。

5. 主编王宝祥

1985 年，我从《光明日报》上看到要编辑《班主任》杂志，非常高兴。我感到自己非常需要一份指导成长、分享体验的刊物。我也积极向《班主任》杂志投稿。

很快我接到编辑老师的回复。王金月的回信细致热情，王宝祥的回信简洁明了。文章的发表使我激动不已，我为觅得知音而高兴。在文章发表的鼓励下，我更积极地进行班主任工作的实践探索。

这时王宝祥提醒我，一定要有自己的特色，一定要有研究的深度。于是我在班级活动的领域内进行了深入的研究。"班级活动三阶六十步"的设计在许多报刊发表时，王宝祥热情地邀请我参加 1987 年 11 月在北京召开的全国 16 个省市德育工作座谈会，并推荐我发言。这是我走向全国的重要一步。在那次会议上，我认识了许多德育专家，和心仪已久的许多老师见了面。

1992 年 5 月，王宝祥还特意来到泰州中学指导工作。那天晚上天气骤热，但泰州招待所的服务员死抱"6 月才能开空调"的戒律（这在今天是难以想象的），王宝祥只能躺在厚厚的席梦思上"扇着扇子降温"，这令我不安，又令我无奈。但王宝祥安之若素，坦然处之，令我感动。

2004 年，王宝祥知道我调到上海以后，多次邀请我外出讲课。正是在他的带动下，我重新审视自己的工作，对许多工作进行再思考，讲课的思想含量和创新做法不断提升。当我整理出《心灵的感受——班主任手记》后，他又热情写序，提携后进。可以说，在许多节骨眼上，宝祥先生总是给予我有力的支持，推动我前进。

今天网络的发达、交通的便捷，改变了我们对时空的认识。身边值得学习的老师还有很多很多。"英雄不问出处，但问聚处。"作为班主任，应该有心中的精神高地，我们身边其实有许多优秀的人，"见贤思齐""与智者同行"应该成为我们的行动指南。

读书奠定基础

班主任要进行研究，必须加强学习，要多读书，读书奠定基础。读书是工作之本、成材之源，也是生存之道。

我常常感叹，班主任要胜任本职工作，其实有着"先天不足"。作为任课老师，我们在师范院校早就进行了专科三年或本科四年的专业学习；而作为班主任，却只在师范院校进行了较短时间的班主任专业学习；而在强调"办好师范教育"的今天，如何加强班主任专业的教学，仍然是师范教育亟待改进的"短板"。因为师范院校一时难以形成丰实的班主任教材教法，可谓"先天不足"。走上工作岗位后，班主任又被大量的课务、繁重的事务，以及琐碎的家务所困扰；教育要求不断提高，教育对象不断变化，但许多班主任无暇读书，又实在是"后天失调"。

班主任要适应时代发展的需要，要胜任本职工作，必须加强学习，不断增强自己的知识底蕴，增强自己的学识修养，增强自己的人格魅力。

记得四十多年前，我刚走上教育岗位不久，在上海徐家汇的一家教育书店里（可惜这家教育书店如今已不复存在），我发现了苏霍姆林斯基的《帕夫雷什中学》这本书。打开书，我立刻被苏霍姆林斯基生动的语言、丰富的实践、深邃的思想所征服了，就在柜台前迫不及待地翻阅起来。

回到家，更是仔仔细细地阅读，认认真真地思考，并努力在实践中模仿、学习、创造。我试着组建了班级家长委员会，构建"学校—家庭教育体系"；

我试着开展班级全程系列活动，为学生提供"丰富而多方面的精神生活"；我试着给学生开设学习方法指导课，寻找苏霍姆林斯基倡导的开发智力的"灵验法宝"。读着他的书，我少走了许多弯路；读着他的书，我有了许多思考，有了许多实践。

后来，我又找来苏霍姆林斯基的其他著作——《给教师的建议》《要相信孩子》《给儿子的信》《学生的精神世界》，等等。我如饥似渴，认真阅读。从苏霍姆林斯基的教育著作中得到灵感后，我又把目光投向中外许多名家教育著作。

今天的中国，有许多优秀的班主任。伴随着班主任专业化发展，许多优秀班主任著书立说，大量优秀的著作出现。分享那些优秀班主任的工作经历和人生智慧，我们可以迅速地成长。在如林的优秀的书籍中，我认为以下书籍特别值得关注：

《班主任工作漫谈》，魏书生的代表作。魏书生被誉为"当代教育改革家""穿西装的孔子"。他在班级管理上创造了许多奇迹，总结了许多成功的经验，比如民主管理、科学管理、自主管理、全员管理，深深地影响了一批又一批班主任。魏书生书系的发行量早就超过 100 万本，创造了教育专业书的奇迹。

《爱心与教育》，李镇西的代表作。在中国的班主任界，有"北魏南李"之美誉。北方首推魏书生，南方首推李镇西。李镇西善于思考，勇于实践，敏于写作，目前已出版 60 多本专著。李镇西倡导爱心、童心做教育，他的实践可圈可点。"朴素最美，关注人性做真教育；幸福至上，享受童心当好老师"，是他的主张，更是他的实践。《爱心与教育》是他的第一本引起强烈反响并带来巨大声誉的著作。该书出版 20 年后，还特意进行了修改充实。

《中国著名班主任德育思想录》，朱永新主编。该书收录了全国 17 位优秀班主任的文章，展现了优秀班主任的时代精神，记录了他们在德育这方圣土辛勤耕耘的足迹，展现了班主任工作的丰硕成果。这本书的特点是合著，多角度多侧面的交流，可以让读者开拓思路，领略更多的精彩。

"魅力班会课系列丛书"，我主编的。目前已出 11 本。"方法论"的《打造魅力班会课》，"对策集"的《班会课 100 问》，"案例卷"的《魅力班会课（小学卷）》《魅力班会课（初中卷）》《魅力班会课（高中卷）》《魅力班会课（中职校卷）》，"教案选"的《小学主题教育 36 课》《初中主题教育 36 课》《高中主题教育 28 课》，"故事汇"的《魅力微班会》《创新微班会》，各具特色。作为主编，我希望这套丛书操作性强，覆盖面广，班主任可以各取所需。

以上书籍的推荐，是想说明值得学习的班主任读物很多，有外国的、有中国的，有专著、有合著，有"面"上（综合）的、有"点"上（某一技能）的。班主任"开卷有益"，当然，并不一定是某一本书，班主任阅读的视野要开阔，要有一定的深度。

班主任在进行阅读时，可以精读与泛读相结合。我们既要多读班主任专业的书，精读细研，又不能局限于班主任专业的书，否则阅读面会比较狭窄。

在泛读时，我建议多读一些人物传记。人物传记的主角各具个性，他们的复杂的人生经历、曲折的成长过程和经过岁月锤炼的经典名句，值得细细地品味。我还建议多读一点学生喜欢读的书，学生喜欢看什么书，班主任也看看，有助于了解学生的想法，关注孩子的世界，走进学生的天地，有利于沟通交流，有利于心灵对话。

对于班主任的阅读，我曾撰文或在多次讲课时疾呼，学校要为班主任专业阅读购买、提供必要的书籍。我认为这是校长之责任。"校长要像给任课老师提供教学参考用书那样，为班主任提供必需的班主任工作参考用书。"虽然有不少学校做得好，每学期能为班主任发多本班主任读物，但至今未能成为工作制度。建议有关部门建立工作制度，完善考核标准，学校每学期必须为班主任专业发展提供多少本书。这样将有力地推动班主任的专业阅读。

同时我也真诚地和许多班主任交流，发展时不我待，班主任也要乐于"为自己的发展投资"，自己买几本自己喜欢的书，细细研读，结合实践用心体会，相信快乐随之而来，成功指日可待。

当然还要多读报刊。我做过这样的比喻，读书犹如品大餐，读报刊则是吃快餐。报刊传递的信息更快更便捷。作为班主任应关注德育报刊。我曾提出班主任要阅读"班主任的三刊一报"。这"三刊一报"是指《班主任》《班主任之友》《新班主任》和《德育报》。当然，许多新的德育报刊也在不断涌现，如《福建教育（德育）》《江苏教育（班主任）》《教育时报（班主任）》等，都颇具影响力。读报刊时，也要开阔视野，《教师月刊》《教师博览》就是广受班主任好评的综合类刊物。

我还主张要勤到学校图书馆借书。有位老师说得好："作为老师在学校图书馆借书为零的记录是不光彩的。"扪心自问，我们是否因为工作太忙而久违了学校图书馆？我的好朋友张万祥曾为班主任的专业发展提出 20 条建议，其中一条是"每周进一次学校的图书馆。"这一建议切实可行，班主任应安排好工作，将每周的某一时段固定为"校内读书日"，定期去学校图书馆（阅览室），随手翻翻，有计划地读书看报。这样坚持几年，收获一定很多。

纸质书的阅读是我们读书的一种方式。随着信息技术的迅速发展，网上阅读正为许多老师所喜欢。方便快捷、信息海量的网络为班主任阅读提供了新的天地，我们要好好利用它。但是我发现，许多好书网上不一定有，更重要的是网上阅读有时不便于细细地品味、认真地推敲。静下心来，摩挲着散发着油墨清香的书页，笔尖在字里行间穿行，与作者对话，心情愉悦、舒畅。那种快乐是打心底发出的。

许多老师说："我们也想读书，但是没有时间。"我想，这是推托之词。

读书是没有捷径的，唯一的办法就是"挤时间，逼自己"。不要用没有时间来推诿。我们的工作室学员告诉我，正是工作室严格要求学员读书，他们"被逼着"捧上了书本，每天晚上挤时间读书，写读书笔记。时间一长，也成了习惯。而一旦养成了习惯，事情就好办了。现在由于事务繁多，经常外出，在飞机上读书，在火车上翻阅学员们的读书心得，也成了我的习惯。

阅读让我很"富有"，让我过得很充实。

苏霍姆林斯基说，要天天看书，终生以书籍为友，这是一天也不能断流的潺潺小溪，它充实着思想江河。广大班主任朋友，让我们用读书奠定研究的基础吧！

工作要勤快

要做一个勤快的班主任。我们的先人一直强调"勤"的作用："天道酬勤""勤能补拙""勤出智慧"。爱迪生也说，天才是百分之一的灵感加上百分之九十九的汗水。班主任一定要"勤"字当头，勤快地工作。

1. 勤，首先表现为腿勤

所谓腿勤，就是要常到班里走走看看。班主任是班级工作的管理者，学生成长的指导者，如果只坐在办公室里"遥控指挥"，就不能及时了解班级动态。不掌握班级的第一手资料，就无法对班级实行积极有效的管理。

现代管理学倡导"散步管理"，主张管理者要到第一线去看看。"一日三转"是许多优秀班主任的经验总结。需要说明的，这个"三"，不是实数，而是虚数，表示次数多。确实，经常到班级，和学生一起早读，一起出操，一起开展活动，不仅能了解班情，而且能和学生产生亲密的感情。

2. 勤，其次表现为口勤

班主任工作，是育人的工作。人与人之间的沟通需要交流。班主任与学生相处时，一句简短的问候、一段热情地鼓励，会使学生感到兴奋；几句随意的交谈、一番真诚的交心，也使自己感到踏实。当然，口勤不等于反复的唠叨，也不等于生硬的教训。口勤应是关注、是询问、是倾听、是交流、是指导。

口勤要注意交流的对象。有些班主任偏于关注学优生、学困生，而"冷落"了中间生。务必要给自己提个醒，不要"厚此薄彼"。我赞同有老师要求自己以学号为序每天与一位学生主动进行交流，一学期与全班学生至少交流两次的做法，这样有心交流的做法值得大家借鉴。

3. 勤，还表现为手勤

俗话说："身教胜于言教。"班主任工作千头万绪，很多事班主任身体力行将胜过泛泛说教。比如，教室地上有一个废纸团，班主任弯腰拾起，其教育效果远远超过叫学生把它捡起来；比如，下课时教室黑板上板书未擦，班主任边擦边询问值日生是谁，师生共同擦黑板，其效果远远胜过简单地叫学生把黑板擦了。"润物细无声""榜样的力量是巨大的"，我相信，在班主任的身体力行的示范下，学生会紧跟前行。

手勤的另一个含义是要动笔。应及时记下自己的实践，及时记录自己的思考，并经常与他人交流。

4. 勤，又表现为眼勤

班主任应有一双善于观察的眼睛。要善于发现班上存在的问题，善于把握班级的最新动态。优秀班主任都有一双"慧眼"，观察事物很敏锐，发现问题很及时。其秘诀就是用高标准要求自己的日常工作，这样，我们便容易发现自己工作的不足。

5. 勤，更表现为脑勤

班主任应加强学习，加强研究，不断学习班主任工作的新理论，不断思考班级工作的新问题，不断探索班级工作的新途径、新方式。

在动脑筋时还要善于听取他人的意见，善于采纳他人的主张，特别是要多听取学生的意见。我们每学期都可以向学生征求"金点子"，对积极提"金点子"的学生予以表扬。对学生的"金点子"，我认真研究，能改进的立即改进，需要说明的多做交流。

班主任还应与语文老师保持密切的联系。现在许多学校都要求学生写周记，写随笔。在文章中，学生会吐露心声，会发牢骚。而许多牢骚其实是有原因、有道理的。班主任要听到牢骚就思考，就改进。

腿勤、口勤、手勤、眼勤和脑勤这"五勤"，是我们做好班主任工作的基础。许多教育家用他们勤奋的教育实践为我们树立了光辉的榜样，比如，苏霍姆林斯基在教育事业上奉献了 35 年，他呕心沥血，勤奋地工作，除了在学校负责了大量的教育教学和管理工作外，还写了数十部教育专著，他被誉为"最勤快的教育家"。

我们应以苏霍姆林斯基为榜样，勤快地工作，在忙碌的工作中掌握规律，做出成绩来。

养成思考的习惯

孔子说："学而不思则罔，思而不学则殆。"班主任要养成思考的习惯。

这些年来，不少老师喜欢把自己的感悟发到博客上，与大家交流、分享。有一次，我看到四川绵阳有位老师"浅水微博"的文章，引发了思考。文章这样写道：

策略与方案

（当时中央教科所在河北邯郸举办面向全国的中小学班主任工作专题研讨会，我是第四个发言，故作者以"四、策略与方案"来命题。——丁如许注）

丁如许老师所作的报告是《班级活动创新》，从中可以看出，他从事班主任工作最突出的个性是干练、果断和富有智慧。他重新诠释了那句"没有活动就没有教育"的名言，主张把班会分为基本课和随机课两种，主张用活动来建设优秀的班集体。他着重讲解了班级活动设计、指导、评价的策略与具体方案。

丁老师尤其强调班级活动的创新，大有"不创新，毋宁死"的气概。我特别认同他的这个观点，因为只有那些切合实际、为学生喜爱、老师能操作、体现智慧与创造力的活动才真正富有活力，才能够在学校中生存下去。

他归纳出班级活动创新的十大原则为：（1）教育性；（2）针对性；（3）整体性；（4）开放性；（5）主体性；（6）知识性；（7）多样性；（8）易操作性；（9）创造性；（10）序列性。

班级活动实施的五个步骤为：（1）活动的选题；（2）活动前的准备（制订活动计划，分工落实任务，布置会场，准备活动教具）；（3）活动的实施；（4）活动小结；（5）活动反馈（可以用班级日记、周记、活动纪实、活动总结、座谈会、书面调查等形式）。

下面是我曾经实施过的一个活动方案。

活动名称：我是最棒的

班级：七年级

地点：教室

活动准备：给学生一周时间，每个学生准备一个能展示自己个性、爱好或文艺才能的节目，如唱歌、舞蹈、武术、乐器表演、美术作品、个人收藏品等。

活动过程：

（1）主持人介绍活动规则；

（2）学生轮流介绍或表演；

（3）班主任总结。

活动建议：班主任也可参与到展示活动中去。

下面，再看丁老师的一个类似的活动方案。

活动名称：当我迈进新校园时

班级：七年级

地点：校园内

活动准备：

（1）每人写好一篇迈进新校园的感受，如散文、诗歌等；

（2）重点发言和自由发言相结合；

（3）教室由师生共同布置。

活动过程：

（1）班主任简述活动意义；

（2）带学生参观校园，边参观边介绍学校的校貌、校史、校纪，鼓励学生树立远大理想并为学校争光；

（3）回教室或在学校的草坪上，同学们轮流谈自己的感受。

建议：活动结束，可拍集体照或制作班级纪念册留念。

对照两个活动，从中可以看出：①我的活动方案需要准备的时间比较长，不够经济实用；②活动过程较少创意，缺少兴奋点；③活动场所局限于教室，特别是缺少对教室布置的安排，缺少道具；④可能会导致个别缺少才艺的学生在今后的集体生活中产生自卑心理；⑤活动设计缺少学生参与，主持人由老师指定更失去了一个让学生进行公平竞争的机会；⑥缺少对活动资料进行收集这一环节。事实上，当初我开展的这个班级活动只能算是勉强成功。对比下来让我更加深刻地体会到了丁老师班级活动十大原则的意义。

当然，在日常学校生活中，班级活动很多时候也许会成为一种奢望，它可能是我们班主任工作中最缺乏的东西。学生到了中学都有考试和升学的压力，这种压力让学校和教师把学生由"放养"改为"圈养"，但班级活动的缺失会让班级建设失去一个重要的着力点。所以，研究班级活动，尤其是研究班级活动的创新设计，是我这样的班主任所亟待补充的。创新应当体现在模式、方法、手段和指导思想上。也许这样的"创新"还不能完全解决我们目前所面临的种种问题，但放学生回归到班级活动的"大自然"中，用"放养"的方式让学生拥有更健康的身体和更健康的心理，却是极有意义的，系列化的班级活动一定会在班集体建设中大放异彩。

看了这篇博客，我很感动。平时，将我的发言要点作摘录的老师不少，谈听课感受的老师也不少，但听后找方案作对比的就不多（当时网络还不发达，估计是找到我写的书《中学班会课》，然后摘录了书中的内容），作对比能分析出 6 条的更不多，更令我感动的是这位老师还围绕发言的主题"班级活动创新"作了深刻的分析。我认为在工作中多思考，多与他人作比较来提高自己，是有效的办法。

看了"浅水微博"的课例比较，我也在进一步思考初中一年级新生入学的第一节班会课究竟怎样上更好。这使我想起我在好几所学校听课时，发现不少班级学生之间的交往不够，师生交往也不够。记得有一次我在一所学校听课，新学期开学了二十多天，我想做课堂笔记，便问身边的同学，刚才发言的同学叫什么，他说不知道。我问上课的老师姓什么，他竟然说"也不知道"。我追问他平时是怎么称呼他的老师的，他说叫她语文老师。我想，这样的班级班集体建设是存在问题的，班级中同学之间、师生之间均缺少积极、有效的交往。由此，我想到：班会课要"对症下药"，要加强针对性。因此，经过反复思考和讨论，我与我工作室的老师设计了"认识新同学，融入新集体"的活动。

活动设计如下：

1. 班主任作自我介绍，然后将自己的名字写在黑板上。（设计意图：班主任的名字书写要工整、规范，以给学生留下良好的第一印象。）

2. 在背景音乐《朋友》声中，全班学生以座位为序，分为四个小组在黑板上的四个区域分别写名字。（设计意图：学生分组写名字，加快了速度。在学生的书写过程中，学生对同学的姓名有了大概的了解。）

3. 请同学用一两句话介绍自己姓名的来历或含义等。（设计意图：自我介绍是人际交流的重要方法。在未来的社会生活中，学生的交往能力非常重要。在班级交流中，同学间可以互相学习。在自我介绍的过程中，自我介绍者的性格往往也能够得到表现，并使同学熟悉起来。）

4. 班主任请学生对黑板上的同学姓名进行书写评比。

5. 班主任邀请书写出色的同学介绍体会，班主任作点评。（设计意图：对学生书写进行评比，既可以字写得好的学生为榜样影响、激励其他学生，又可以从写字启发做人，以深化教育的内涵。）

6. 小组书写评比。在个人书写评比后，班主任组织学生再对黑板上四组同学写的姓名进行比较，评选出书写最佳的小组。（设计意图：班主任要善于借题发挥，使说理具有形象性、生动性，以增强说服力。）

7. 书写共同心愿。班主任发下剪成心形的各色纸片，让每一位学生为新班级写上祝福的话语。

8. 在《明天会更好》的音乐声中，学生们将写有美好祝福的心愿卡，粘贴到教室后面的心愿树上。（在背景音乐《年轻的战场》中结束。）

怎样寓教育于活动之中，班主任要认真思考。"认识新同学，融入新集体"旨在让学生通过第一节班会课的交往，打破陌生感，迅速地融入新集体，同时使学生懂得集体的事情要靠大家齐心协力共同完成的道理。

这样的设计在实际工作中取得了非常好的效果，这是思考的成果。班主任在工作中应有意地培养自己的思考意识，以养成勤于思考的好习惯。

正确对待批评

"人非圣贤，孰能无过？"为了提高工作水平，我们应正确对待来自学生、家长和领导的批评。

我年轻时常常自以为是，不太听得进别人的批评意见。随着阅历的增加，我由衷地感到，我们应欢迎批评。

对批评，应持热烈欢迎的态度，应"闻过则喜"。能对我们的工作提出批评，其实是对我们工作的关心和支持。比如家长提意见，他们平时工作也很忙，对我们的工作提意见，这说明：一是反映出家长和我们有共同的目标，有和谐的关系，家长真诚地希望我们能加以改进，否则直接向有关部门投诉了；二是我们的工作确实存在一些问题，家长如骨鲠在喉，不吐不快。

对批评，应持积极改进的态度，应"闻过则改"。他人对我们的工作提出批评和意见时，我们不能采取敷衍应付的态度。当然，我们听到批评后要做分析，但错了一定要改正。记得我刚当班主任的第二年，在暑期开学前，因当时学校里的课桌板凳大小高低"不一样"，为了本班教室的"协调""美观"，我便让学生到其他教室换了几张。很快，有人反映到校长室。尽管事出有因，可传到校长耳朵里却已变了样。但分管校长找我谈话时，我欣然接受，立即将有关桌椅换回。因为自己确实做得不妥当。这时如果固执己见，只会错上加错。

对批评，应持认真研究的态度，应"闻过则研"。对我们的工作提意见，我们应采取认真研究的态度。批评不一定都是正确的，因为各人的角度不同，都会有局限。比如，家长对教学的建议，因学生的情况不同，家长的要求当然不同：有的可能反映学生"吃不饱"，有的可能反映"教学进度太快"。对此，我们应结合学生的具体情况、班级的具体情况进行分析。针对班情，我们在坚持教学要"面向大多数"原则的同时，对家长的意见也要充分考虑，努力做到既"提优"又"补差"，并加强针对性的辅导。

有时，批评的意见可能会相当尖锐，即使如此，我们也一定要虚心听取，同时努力化解矛盾。班级问题应尽量在班级的范围内解决，但如果有家长或学生直接向上级主管部门反映了，我们也不能迁怒于家长或学生，要本着实事求是的态度，积极稳妥地处理。

为了改进工作，我们还应该主动征求批评意见。召开座谈会或发放意见征询表等都是有效的措施。

有一次，我在教应用文时，布置了让学生给任课教师写封信的作业。作业交来后，一封封热情洋溢的信，一句句情真意切的话语，引起了我的思考；同时信中反映的问题也使我感到了肩头的责任。当时，我正在读苏霍姆林斯基的《给儿子的信》。书中精辟的分析、亲切的话语深深地打动了我。苏霍姆林斯基巧妙地运用了通信这一形式，我从中得到启发。我认识到，通信是一种很好的师生沟通形式，是班主任征询意见、听取批评的有效途径。

于是，我组织学生与我通信。通信时，我鼓励全班学生要写真话，写内心话，写实话。学生们积极地投入这一活动，许多学生热情地评价了教师的工作。学生对教师辛勤劳动的尊重和理解，是教师最大的欣慰。如有位同学说，他感到自己有严重的嫉妒心，真诚地期待教师的指导。

这一封封发自学生心灵的书信，饱含了学生对老师的信赖，为我们提供了走进教育对象心灵的第一手资料，使我们的工作能有的放矢，对症下药。从通信中，我得到了学生的"最新信息"，这促进了我的班级管理水平的不断提高。

对学生的每一封来信，我都仔细阅读，反复思考。对信中反映的问题，或个别交谈，或集体谈话，或回信答复，予以解决。在一次通信活动中，当我看完全班学生的来信时，已是夜深人静、万籁俱寂了，可我抑制不住心中的激情，一下子就写了封八九千字的回信，就学生来信中提出的问题做了认真回答，并在第二天将信张贴在教室里。这一举动受到了学生的热烈欢迎。

同时，对个别同学言之无物、敷衍了事的来信，则进行了认真的分析。我感到，如果一个学生在信中无话可说，那可能意味着我们工作的失职，很可能是我们工作中的某些失误伤害了学生，使学生产生了不信任感，无话可说意味着所谓的"话不投机半句多"。我特别重视这种情况。一次，小兰同学的来信只有寥寥数语，我感到这是因为自己在工作中曾错误地批评过她，挫伤了她的自尊心。于是，我主动地接近她，诚恳地和她交换意见，终于使她振作起来，其组长工作也干得很出色，在后来的周记中，她热情地称赞了老师的工作。

正是由于我对批评持欢迎态度，认真处理学生来信中的有关问题，使说真话、说内心话的要求，成了学生的行动。

后来，我将与同学通信发展为主动征求意见的"金点子"征询活动，每学期向学生征询意见。这种制度化的做法保证了我可以经常听取到学生意见，及时收集到有关批评信息，努力解决各种问题，促进了班级管理的不断完善。

要有点绝活

班主任工作中，要受到学生欢迎，有点绝活，很重要。所谓"一招鲜，吃遍天"。

记得开展文娱活动时，同学们热情高涨，大家积极投入。那情绪、那气氛，每每感动着我。可是，也常常使我为难，因为热情的学生们总是要求"丁老师，来一个！"

"来一个"，这对有文娱天赋的老师来说，算不了什么。引吭高歌，会博得学生如潮的掌声，会赢得学生热情的欢呼。可是，对我这"五音不全"的"乐盲"来说，可真是一道难题。回想我的"演出生涯"，在我的学生时代，我只参加过两次演出。一次是参加大合唱，一次是"表演唱"，那"表演唱"是迫于班主任的"压力"，作为班干部的我套了个大头娃娃，上台扭了几个动作。我曾经诚恳地对学生表示，我不会表演节目。不料学生一再要求，情急之下，我只得放声歌唱，可走调的调子，半生不熟的歌词，多少有点"煞风景"，我自己也觉得汗颜。

班主任与学生一起开展活动，重要的是参与。但仅仅满足于参与，显然还不够。出节目要出得好，出得有质量，你要有点"绝招"，让学生信服你。可我"先天"不足，"后天"又缺少训练，如何在工作中提高呢？

思来想去，我感到还是应该扬自己之长。我是一个语文老师，普通话还可以，对朗诵比较爱好，我可以创作并朗诵"嵌名诗"。

于是，我有意做了这方面的准备。机会终于来了，在我班与高一（4）班进行的一次联欢会上，学生们尽情地表演着节目，联欢渐入高潮，这时有同学提议："丁老师，来一个！""丁老师，来一个！"

在学生热情的欢呼中，我慨然应允，朗诵起自己的"诗作"。

> 在美丽的泰山脚下，
> 古老而年轻的校园里，
> 聚集着一批热血青年，
> 看，赵逸飞、商飞、燕领飞，
> 瞧，文小娟、孙娟、冒玉娟，
> 苗峰与周峰比高，
> 江涛和刘涛争流，
> 祝剑剑、张剑，尽显王剑光，
> 翟丽丽、陈芳，原是方丽君，
> ……

诗还没朗诵完，两个班的学生已笑成一团。有个别学生没有领会过来，连连问旁边的同学，问清楚后也忍俊不禁，这一节目使联欢会达到了高潮。不少句子还成了"名句"，如"祝剑剑、张剑，尽显王剑光，翟丽丽、陈芳，原是方丽君"。这样，我也就由"五音不全"的"歌盲"，成了"颇具影响"的"诗人"了。

为了让班级工作更精彩，我经常琢磨怎样让自己能多一些"绝活"。一次，在观看中央电视台节目时，荧屏上，动脑筋爷爷向学生赠送的一把硕大的金钥匙吸引了我。太好了，我们也需要这样的金钥匙。

可怎样制作这样一把金钥匙呢？我动起了脑筋，但一直没想到好主意。一个偶然的机会，买冰箱时，我发现电冰箱的包装材料是泡沫塑料，忽然想到这泡沫塑料不就是制作金钥匙的最好坯料吗?

于是,我找来笔,在泡沫塑料上勾画出一把巨大的钥匙轮廓。我又找来木匠,请他按照轮廓线锯出了一把大钥匙。然后,我又买了些金纸,仔细地贴上。这样,一把硕大的金光闪闪的金钥匙就做好了。

迎新年的联欢会上,当我捧着这把硕大的金钥匙出现在学生面前时,学生们立刻欢呼起来。

"我衷心祝愿你们能用这把金钥匙打开知识宝库的大门!"

学习委员代表全班同学接收了这把金钥匙。他高高地举起,金钥匙闪闪发光。学生们拼命地鼓掌,一个个亮闪闪的眸子似乎在告诉我:"我们不会辜负您的希望,我们一定能用金钥匙打开知识宝库的大门。"

从制作这把金钥匙中,我得到启发,班级工作的"绝活"是多方面的。为了搞好班级工作,我们应有意地加强磨炼自己,加强学习,形成绝活。比如学一点魔术。班主任会变魔术,学生一定很喜欢。我有位朋友,是高中的班主任,就特意学了魔术。她告诉我,高中学习生活很紧张,变点魔术,学生很喜欢;借魔术演绎熟能生巧的道理,学生心悦诚服;而学生听说班主任为了让班级工作有魔力,特意花力气学魔术,对她更尊敬了。

现在许多年轻班主任颇有才华,琴棋书画,歌舞弹唱,样样俱佳,我主张在推进班级工作时一定要相机"露一手"。如果有些班主任"稍逊风骚",一定要努力寻找自己的"闪光点",形成自己的"绝活"。

走出家门看世界

前不久，一位朋友发短信告诉我："丁老师，我看了您的博客后也去了趟欧洲，虽然走马观花，但收获多多，后悔去晚了。"

微信群里，一位老师写了游日本的观感，文笔细腻，记叙生动，我开心地给她点赞。她几个笑脸回复，丁老师，我是学你的。

朋友聚会时，大家天南海北地聊着，常有的话题就是最近去哪里了，好玩吗，怎样玩。

亲朋好友圈里，我俨然成了旅游达人。因为国内 5A 级旅游景区我已去过 100 多个，国外也去了 30 多个国家、地区，涉足了亚洲、欧洲、北美、南美、非洲和大洋洲，而且正加快旅游的步伐，一年安排三次出国游，还有春节游、五一游、国庆游。

小时候，生活在江苏中部的县级小城泰州。没有见过辽阔的大海，没有见过连绵的群山。只见城河里水波平静地流淌，只在狭窄的小巷天井中玩耍。儿时的天地就那么大。但开启心智的美好故事，使我向往着天外天，懵懂中觉得外面的世界好像很精彩。

斗转星移，岁月流逝。上学、读书、工作，走出了家乡，辗转于不同的城市，我终于看到了天外天。原来外面的天地那么大，外面的世界真精彩。

人生旅途上，品味着酸甜苦辣，慢慢地喜欢上旅游，我常跟朋友们说，有时间有机会多出去看一看。

难忘新婚时，我们特意去了人间天堂杭州，那时还没有跟团游，只能"自由行"。但杭州火车站附近的旅馆床位紧张，我们又囊中羞涩，新婚的我们只能忍痛割爱，各自睡在六人间的大通铺。但波光潋滟的西湖水留下了我们幸福的合影，天地四方的六和塔听到了我们欢快的笑声，特别是年轻的我们手牵着手，一口气走过了九溪十八涧。美丽的湖光山色为新婚岁月抹上了最美的底色，而九溪十八涧一路的牵手欢歌，鼓舞着我们并肩走过了珊瑚婚，正走向红宝石婚、走向金婚的殿堂。

喜欢旅游，还和工作有关。我是语文教师，记得当年初中语文课本上有叶圣陶老先生的《苏州园林》一课。作者如数家珍介绍苏州园林，"讲究亭台轩榭的布局，讲究假山池沼的配合，讲究花草树木的映衬，讲究近景远景的层次"，我正好去过苏州的许多园林，狮子林、拙政园、西园、沧浪亭，上课信手拈来，例证丰富生动，又多了自己的真情实感，学生们特别欢迎。而《石钟山记》《三峡》等课文，我也有实地经历，讲析课文时别有风采。

人生并非坦途。我调到上海工作后，也遇到人际圈子、地域文化等烦心事。那年我正巧去陕西大荔县讲课，特意去爬华山。"华山自古一条道"，道崎岖，路漫长。我认准目标，努力向上，终于到达。独立在山巅，放眼四空，天际辽阔，群山尽在脚下。其时百感交集，志向、毅力、实力、胸襟、眼界，一起涌上心头，烦恼也尽抛。登山、观海、探幽，一路行走，许多感悟可以融入血脉，影响一生。

到上海工作后，视野更开阔了。上海的老师们特别喜欢出国游。这和上海的海派文化有关，也和上海的交通便利有关，航空港就有浦东、虹桥两个，出入非常方便。于是走动的步子就大了，心驰四方。

最早去的是新加坡和马来西亚。当时流行"新马泰"（新加坡、马来西亚和泰国）旅游，但因为时间的关系，选择的是新马游。后来又去了泰国，感到泰国可游览的地方多，最少要去两次。新加坡城市非常整洁，绿树成荫，繁花盛开，令人赏心悦目，不随地吐痰的良好习惯说明了道德与法治并举的重要。吉隆坡国家清真寺庄重、高大，使我对伊斯兰教多了几分好奇。新马之行，让我清晰地看到了天的另一边。

就这样看世界，一发不可收。十年来，我和我的另一半一起出发，先后走过马来西亚、新加坡、泰国、越南、美国、日本、柬埔寨、俄罗斯、新西兰、澳大利亚、法国、德国、意大利、列支敦士登、梵蒂冈、奥地利、瑞士、南非、阿联酋、韩国、英国、爱尔兰、斯里兰卡、西班牙、葡萄牙、以色列、约旦、巴勒斯坦、老挝、巴西、秘鲁、智利、阿根廷 33 个国家。

常有人问，最值得去的国家是哪里？我认为，青菜萝卜，各有所爱，在排除经费、时间等因素外，最值得去的首选美国。为什么呢？一是幅员辽阔，自然风光壮美。鬼斧神工的科罗拉多大峡谷、气势磅礴的尼亚加拉大瀑布、风光秀美的夏威夷群岛，美国的许多景点堪称世界之最。二是历程不凡，经典建筑众多。当自由女神像、白宫、国会大厦、林肯纪念堂、华盛顿纪念碑、费城独立纪念馆、旧金山金门大桥，这些电视上电影中常见的地标建筑就在眼前时，一定是惊喜交加。三是科技发达，许多景点含金量高。引领世界新潮的纽约时代广场、荟萃各地奇珍异宝的大都会博物馆、揭秘电影拍摄奥秘的好莱坞环球影城、展示航天成就的航天博物馆等，都让你叹为观止。

到日本旅游，日本民众讲文明、守纪律，给我们留下深刻的印象。在车水马龙的银座街头，人们自觉遵守交规，红灯停，绿灯行，整齐划一，蔚为壮观。当我们感慨日本民众的高素养时，许多城市保留完好的唐代建筑向我们揭示了谜底：1000 多年，日本国是派出遣唐使到中国来学习的，唐代建筑、唐代习俗、唐代文化，漂洋过海，扎根东瀛。相信通过我们今天更多更好的努力，将重新真正屹立于世界之林。

"想去，没有钱。"这话过去我也说过。其实生活中巧安排，非常重要。随着中国经济的不断发展，教师的收入是不断改善的。衣食温饱是普遍现象，小康富裕的人群不断增加。我当年工作过的泰州中学、泰州中学附属初中，和老师们一聊，许多人还没有走出国门看世界。我认为这跟眼界有关系。旅游开视野，怡性情，强体魄，会带来许多的快乐。因此，有点余钱，便可量力出行。

出游是跟团游，还是自由行？我建议，先跟团，再自由行。国外游还是需要积累点经验的。不过跟团，不能跟低价团，更不能跟超低价团，简单的道理，商家也要生存，国外的店铺也要赚钱。五钻团、四钻团，虽然贵一点，但是品质团。"穷家富路"，玩得开心很重要。

旅游和我的工作有关吗？前面说过有关系，旅游和学校工作、班主任工作能紧密结合的并不多。和学校工作紧密结合的是访问学校、参加专题研讨会。我和大家分享的是自费旅游、私家旅游。不过，做班主任、做教师，只要"处处留心"又何尝不是"皆学问"呢？到祖国宝岛台湾旅游时，我就感慨，地铁设计比较好，车体宽大，一次可以多载人；上下车门规范的做法是一边上，一边下，不会形成对冲；博爱座人人自尊，老幼病残才坐。这启示我们班级管理要注意整体的规划，要关注细节，要形成文化共识。

怎样开心旅游？事先的准备很重要。网上搜索向往的目的地，了解特点，思考网友的意见，和旅行社的客服做必要的交流，寻找同行者，买一本旅游的书，这是我的独门心得。虽然网上资料多，但专业书自有专业书的特点，买一本最新的目的地旅游书，有的可能已是第 6 版、第 7 版，一书在手，会有许多方便。旅行中能参加的项目尽量参加。还记得斯里兰卡之行，游狮子岩时风狂雨猛，许多团友不爬了。我仔细看了导览图，又远眺了山岩，决定还是爬。趁着风小，和导游一起出发。当时是雨季，暴雨一阵子也就过去了。最后，全团 15 人只有 4 人登上狮子岩，我们感受了不一样的风光。我又特意拍了视频，发到朋友圈里，让没有登顶的团友们分享。后来更令团友们吃惊的是，凌晨 5 时出发的（从宾馆到景区有相当的距离，还要购票，还要有一定的提前量）霍顿平原徒步、凌晨 4 时 30 分出发的观看亚拉野生动物、凌晨 5 时出发的出海观鲸，我一个不落，全部参加。这样丰富了旅游体验，有着"睡大觉"的团友无法体验的开心。途中发微信、结束写随笔，又让快乐分享，让开心永驻。

　　班主任平时工作很辛苦，走进大自然，走出国门，放飞身心很有必要。2019 年 2 月，我从南美旅游归来，特意给古华中学班主任工作室的学员们写信，分享感受。我告诉老师们这次在世界著名的"最美瀑布"伊瓜苏大瀑布旅游时，我们团队 14 人，均参加了"冲瀑"活动，就是乘快艇冲到倾泻的瀑布里，感受挑战，感受惊险、刺激。团友们都非常开心。而另一个团队由于多种原因，比如担心"会淋湿全身""太惊险"，28 人竟没有 1 人参加，当然也就无法体验其中的精彩。同样去了南美，同样去了伊瓜苏瀑布，但收获是不一样的。由此和老师分享，"同样上班会课，如果做得不一样，收获也将不一样"来鼓励老师们积极参加班会课研究。

　　每个人的生活方式是不一样，生活体验也是不一样，但有些生活方式可以成为共同的选择，有些生活体验会形成共同的感受。作为班主任品质的修炼，我非常主张有空闲就去旅游，而且国内国外都要去。因为走出家门看世界，外面的世界真精彩。

第二辑

班级管理

坚信每位学生的心灵深处都有你的助手，你也是每位学生的助手。

——魏书生

管理要有好思路

　　班主任的专业化发展，要求我们善于管理班级，科学地管理班级。我们应下功夫，不断提高科学管理水平，在管理中学习、成长、成熟。

　　"思路决定出路""角度决定深度"，班级的科学管理，要注意以下四点。

1. "晓之以理"的思想管理

　　思想管理是班级科学管理的重要组成部分。这是因为班级管理目标的实现，必须通过必要的思想教育，调动学生的自觉性、积极性，使班级管理建立在广泛的群众基础上。因此，没有正确的、经常的思想教育就没有真正的科学管理。那种以压代管、以训代教的做法必然会造成师生关系紧张、班级矛盾激化，导致班级管理的失误。

　　"管理管理，管在理上"，在各种具体管理工作前后，都应有一定的思想工作相配合，我们要把深入细致的思想工作渗透到各项管理工作中去，要"晓之以理"，使班级管理的过程成为对学生的教育过程。为此。在班级管理工作中采取的措施、运用的方法，都要考虑其教育效果。如班级出台某项规章制度，一定要先在班委会进行讨论，了解学生的想法，争取干部的支持，然后利用班会向学生讲清规章制度出台的原因和必要性，广泛征求学生的意见，以形成共识，同时要征询学生是否还有更好的建议。

思想管理不是空洞的说教，不是整天的唠叨，不是粗暴的责骂。在思想管理中特别要注意运用好表扬：做到多表扬，班主任不要"吝啬"表扬，看到学生的长处便予以肯定；做到及时表扬，发现学生的优点后应及时肯定；同时还应加强有意的表扬，注意表扬原来对老师有成见的学生，以化解矛盾，做好工作。

2. "导之以规"的规范化和制度化管理

在班级管理工作中应制定明确的规范标准，使各项工作能有章可循，有规可据，"导之以规"。

在实际工作中，我们经常看到，有的班级缺乏应有的规章和制度，或者虽有规章和制度而不能落实。工作中的盲目性、随意性很大，致使班级经常处于忙乱状态。一般来说，这样的班级管理水平低，效果差。

规范化、制度化的管理，将改变班主任以言定规、以权代法的随意局面，体现工作的规范性。从大处说，学生受到应有的教育，经常严格地遵守规章制度，可以养成遵章守纪、认真负责的良好习惯，将有助于推动我国民主法治化国家建设的进程。

有老师说，学校已有规章制度，何必多此一举。我认为，学校的规章制度不可能覆盖班级管理的方方面面，同时各班又有着不同的班情。因此，我们应根据《中（小）学生守则》《中（小）学生日常行为规范》和学校规章制度的要求，从本班实际出发，制定出切实可行的有关规章制度。因为班级的规章制度是学校规章制度的必要补充和完善。

班级管理的各项规章制度要明确、具体，可操作性强。规章制度的制定应由班级全体会议讨论通过，讨论时遵循少数服从多数的原则。班级规章制度一经建立，要保持相对的稳定，保证权威性和严肃性，不能朝令夕改，因此事先要做好周密的考虑，做好可行性的掂量。

3. "动之以情"的情感管理

情感管理也越来越为大家所关注。"感人心者首推情"，在今天的班级管理中，要有意地渗透情感教育，使学生动心动情。

如果说规范化、制度化的管理主要作用于学生的认知和行为层面，那么情感管理则更多地作用于学生的情感层面；如果说规范化、制度化的管理是一种硬性管理，那么情感管理就是一种柔性管理；如果说规范化、制度化的管理是一种显性管理，那么情感管理就是一种隐性管理。规范化、制度化的管理只有和情感管理有机结合起来，才能产生最大的管理效益，才能发挥最大的育人功效。

班主任在运用情感管理时，要充分运用激励的原则。温暖的话语、亲切的眼神、细节的关注，对学生是最好的激励。当然，赏识的话语应是从心底发出的，不是矫情，随口敷衍。现在许多年轻班主任注意和学生保持融洽关系，是值得提倡的，但也要拿捏好分寸。情感管理不等于无原则，不等于迁就放纵学生。

4. "贵在自主"的全员自我管理

真正的教育是自我教育。要搞好班级管理，我们应做到全班总动员，让全班同学参与管理，努力实现全员自我管理。全员自我管理就是班级全体学生人人都参加管理工作，班主任的管理和学生的自我管理结合起来的管理。

班级管理，班主任处于主导地位，但管理目标必须通过班级学生内在的努力而实现。班主任是外因，学生是内因，外因只有通过内因才能起作用。从管理的主客体角度看，全班学生既是接受管理的客体，又是进行自我管理的主体。只有当全体学生人人都参加管理，把班主任的管理和学生的自我管理有机结合起来，才能取得班级管理的积极效果。

实行全员自我管理，有如下具体的要求。

（1）人人参加班级管理工作

班级应做到人人有岗位，让全班学生都有机会参加管理。由于学生的水平不一，可根据每个学生的不同特点让其分担不同的工作，以形成人人为集体作贡献的良好风气。

要做到人人有岗位，得根据需要巧设岗位：一般情况下，不安排兼职，以让大家都有负责班级工作的机会（小班化的班级另当别论）；有时可一岗多人，一些难管的岗位，可以让多位同学负责，但要明确各自的分工。比如，语文课代表可安排给三个学生，分别负责课堂作业、作文、家庭作业的收交。

（2）实行值日生、值日班长、值周班长、班干部轮换制，开展记班级日记、每周评讲等活动

值日生由班级学生轮流担任；值日班长、值周班长由班干部轮流担任。班干部也要定期轮换，让学生在不同的岗位上得到多方面的锻炼。值日生对班级每天学习、劳动、生活等情况做记录，记好班级日记。值日班长负责全天的工作。值周班长负责一周工作，除每天检查督促值日生工作外，周末要对全班情况作周评讲。班长对班级全月情况作月讲评，召开每月工作例会，表扬先进，指出不足。班主任在这些活动过程中应及时给予学生指导，这样，在班主任指导下，能使全班学生都投入到班级管理活动中来，以充分发挥每个学生的聪明才智。

给学生最佳的第一印象

班主任在工作中，一定要给学生最佳的第一印象。

给学生最佳的第一印象，可以从写给学生的第一封信做起。很多学校都会给新录取的学生发一封录取通知书，而录取通知书通常都是公式化的。作为班主任，我们应给学生发一封热情洋溢的信。信可以这样写。

亲爱的同学：

你好！

祝贺你进入我们学校，进入我们班，成为我们集体的一员。

在新学期，我们将一起为建设优秀的班集体而奋斗。我们要形成奋发向上、团结友爱的班风，勤奋学习、比学赶帮的学风，我们要在学校的各项活动和竞赛中大显身手，争取名列前茅。

在新学期开始前，我们要充分利用暑期时间，做好新学期的准备。我们要做好知识准备，多读名著，多读名人传记，"像他们那样生活"，将点燃我们思想的火炬。我建议大家最少读 5 本，新学期我们进行交流。

在新学期开始前，我们要充分利用暑期时间，做好新学期的各项准备。我们特别要做好思想准备，由初中到高中，在新的学习阶段，我们会面临许多新的挑战。面对新的挑战，你一定心潮起伏，有许多打算。请将你的新学期规划写下来，在报到的那一天，我们将聆听你的心声。

让我们一起努力，迎接新学期的到来！

你的班主任朋友

×年×月×日

我想，同学们收到这封信时，心中一定会有亲切感、自豪感，会对班主任产生良好的第一印象。

给学生最佳的第一印象，可以从家访做起。当你家访前先打电话预约时，学生、家长会感到一种尊重、一个惊喜；当你顶着烈日，来到学生家时，学生、家长会很感动；当你家访时拿出笔认真记录学生、家长的意见时，学生、家长会被你打动。我多次从网上看到新生对班主任家访的期待。家访时不打无准备之仗，当我们做好准备、自信满满地走进学生家时，你的谦和举止、文明言语，已给学生家长留下了最佳的第一印象，这将奠定新学期工作的基础。

给学生最佳的第一印象，可以从新生报到工作做起。假期里我们可能外出，还没有时间去家访，新生报到将是最好的工作时机。我们应早早地来到教室，把教室打扫得干干净净。如果工作量大，可以叫上自己原先班上的学生，学长学姐为学弟学妹打扫教室也是学校文化的弘扬和传承。这里需要说明的是，我不主张把教室一下子布置好，可以缓几天，因为新的"家"需要师生共同来设计、来布置，但要打扫干净。当新生看到干干净净的教室时，当他们知道是班主任、是学长学姐为自己准备时，你的勤劳、你的热情，已给学生留下了最佳的第一印象。当然，新生报到第一天，还有许多事要策划。你的第一次演讲，就要在你的学生中激起共鸣；你的第一次表扬，就应该赢得同学们热烈的掌声。

如果我们是中途接了后进班，我们更要精心设计我们与学生的第一次见面。走进教室时，你亲切的目光要投向每一位学生，关注的目光将点燃他们心头的火炬；你要用热情的话语感动每一位学生，要用温暖的话语引爆他们向上的激情。

和写信不同，第一次家访、第一次报到、第一次见面，班主任都是直面自己的学生，因此交流的技巧非常重要。我们要注意以下三个细节。

1. 让自己靓丽一点

教师的仪表对学生是一种"无言之教"，体现了教师的精神面貌和个人修养。即使有不愉快的事也要收拾好心情，调整好心态，让自己精神焕发、充满自信地走向学生。

2. 让自己幽默一点

和学生第一次见面时，可以介绍自己的"大名"来由、生活轶事和成长"秘史"，这种发自内心的交流最能激起学生的认同感。这有利于班级各项工作的开展。

3. 让自己高大一点

班主任一定要有追求，要以自己的追求带动学生的追求。班主任可以介绍自己在工作中取得的成绩以及自己的带班目标，激励学生一起为理想而奋斗。

第一印象，虽然短暂，但影响长远。学生评价班主任的第一印象，是多方面的，从思想观念、带班特点到言行举止，学生都会津津乐道。因此，从某种意义上说，班主任第一印象的准备又是长期的，我们应不断学习，不断积累，不断改进，努力"打响第一炮"。

谋划新学期工作

新学期开始时，每位班主任都踌躇满志。新的学期，新的篇章要谱写，新的一页将揭开。

要谋划好新学期工作，首先要对班情做出正确的分析。分析班情，要有班级基本情况的介绍，如班级人数、男女生比、团员数、三好生数等基本情况；要分析班级长处与"短板"。

有研究表明，清晰且长期的目标有助于人们达成最大的成功。班级是学生学习的场所，成长的天地，我们应指导学生在明确目标的激励下学习，不断地努力，健康成长。

有不少班主任将创建名列前茅的班集体作为班级奋斗目标，对此我很赞同。因为班级不等于班集体。"班集体"作为教育学上的专有名词，有着丰富的内涵。一般认为，班集体应有共同的奋斗目标、良好的集体舆论、多角色的工作岗位、经常的班级活动、出色的工作成绩。"名列前茅"，指明了对班级发展状态的期待。同时"名列前茅"不像"勇争第一"锋芒毕露，而是有所保留，相对来说也容易实现。创建名列前茅的班集体，是班级的学期目标，也是远期目标。这一目标不可能一蹴而就，需要不断地努力。因此，班主任应根据这一目标，思考中期目标和近期目标。

近期目标是师生要最先实现的目标。近期目标的制定，既要有"跳起来摘果子"的勇气，又要有"成竹在胸"的机智。近期目标的实现，有助于凝聚士气，使班级向着下一个新的目标前进。对后进班、新接班来说，一定要确定好近期目标。我常常将在学校集队时班级的良好表现作为近期目标，要求学生集队一定要做到"静、快、齐"，一定要以饱满的精神状态在全校亮相。应该说这样的要求是不难实现的，而不少班主任常常缺乏这样的意识，因此我们班的第一炮总能打响。"良好的开端，意味着成功了一半。"在这样的基础上，班主任就可以根据需要，提出新的近期目标。

有些班主任只将分数作为班级的奋斗目标，这样的提法眼界不宽，格局不大。班级应以创建优秀的班集体作为奋斗目标，因为创建优秀班集体可以统领班级工作的方方面面，包括学生的学习成绩。成长阶段的学生需要明确前进的方向，班主任一定要以正确的价值导向影响学生。成长阶段的学生是有潜力的，但有明确的奋斗目标还是没有明确的奋斗目标，学生的动力是不一样的。在追寻成为优秀班集体的过程中成长的学生，他的生活历练、人生感悟也是不一样的。

奋斗目标还可以用生动形象的语言来概括。如有班主任提出本班的奋斗目标为"净、静、敬、竞、进"。"jin（jing）"同音字的提法生动形象，易记易行。常见的提法如能做出新的解释，给学生新的要求，效果会更好。如"净"，我们可以分析指出，不仅指环境的洁净，还指心灵的纯净；又如"静"，不仅指学习环境的安静，还指学习心态宁静，戒除浮躁，宁静方能致远。

确定了总的奋斗目标后，班主任要进一步思考具体的工作措施。实践中，要突出以下三个要点。

1. 常规工作常抓不懈，常抓常新

常规工作是班级管理的"基本动作"，一定要倾注全力，抓细抓实。比如卫生值日、课间安全、收交作业，都是常规工作。认真去做，一丝不苟，就保证了班级工作的有序推进。常规工作还要常抓常新。在工作中还要思考如何改进，如何提高。比如班级干部岗位的设置，可根据工作的需要，设置心理委员、图书管理员、网页主管等。

2. 薄弱工作加强反思，重点突破

"十指有长短"，工作会有不足。对工作的薄弱环节，要加强反思，要予以突破。比如班级中等生的转变、班级家长委员会的指导、班级任课老师参与班级管理等，可进行专题研究，争取形成有效的工作经验。

3. 特色工作打造亮点，凸显不凡

班主任在工作中要努力形成自己的特色。一个有特色的班主任，一定也是一个有事业追求的班主任，他工作的动力、工作的感受都是不一样的。班主任工作有着丰富的研究内容，可根据学校的办学特色、自身的特长，在班会课、班级管理、班级文化建设等某一方面多思考，多着力。

我想，要谋划好新学期的工作，还应该把班级工作放在社会发展的背景下来思考。应结合社会发展的特点、热点来思考，这样会更有分享的价值。

围绕这样的工作思考，我们要从班级管理、重大活动、家校协调等方面把工作想得细一点，想得实一点。

围绕这样的工作思考，我们也就可以产生自己的研究课题。"问题即课题"，班主任一定要有研究的意识。"课题研究"应根据工作重点来确定，确定课题研究时还要思考成果的呈现形式，如教育随笔、经验总结或论文等。

要谋划好新学期的工作，我们应把我们的思考记录下来，写在纸上，制订出新学期工作计划。综上所述，新学期工作计划应由班情分析、奋斗目标、具体措施和研究课题等组成。

　　当然新学期的工作计划，不应只是班主任一个人苦思冥想的结果。班主任应与班委会、班级家长委员会、任课老师等展开讨论，听取大家的意见，汲取众人的智慧，形成新学期的工作计划。

　　新学期的工作计划制订后，班主任应成为演说家，要鼓励学生不断为实现班级奋斗目标而努力。在日常管理中，班主任要有意形成有特色的"班主任语录"，让学生耳熟能详，融化于血液，落实到行动。比如"有志之人立长志，无志之人常立志"（强调明确目标、坚定目标的重要）；"对人生而言，重要的不是获胜，而是奋斗"（强调为实现目标不懈努力的过程）；"把简单的事情天天做好，就是不简单；把容易的事情天天做好，就是不容易"（鼓励学生要有质量意识、要有坚韧旳意志）。

　　爱默生指出，一心向着自己目标前进的人，整个世界都给他让路。新学期的工作计划制订后，班主任更应是实践家，要带领学生为心中的理想而不懈地奋斗。

　　"凡事预则立"，让我们认真谋划新学期的工作，努力开创工作的新局面。

班干部的培养

我到学校听课时喜欢与学生交谈，我经常找班长，问他是怎样开展工作的。许多班长告诉我，怎样开展工作？班主任布置做什么就做什么。听了这样的回答，我不太满意。作为班主任的助手，班主任布置工作，班长执行没有错。但班长也是一班之长，不能只是被动地做工作。作为班主任，应指导班长、指导班委会积极地开展工作。

怎样才能让班长、班委会积极地开展工作呢？首先要激发学生参与班级管理的热情。通常在新接班时，我会认真阅读学生的材料，主动与同学交谈，初选出班级工作临时召集人；然后让全班同学自荐，并激励学生要有"我要当"班干部的强烈愿望；接着让他们在全班演说，介绍自己的"施政纲领"；最后组织全班投票选举。

然后班主任应和班委会共同制定班委会工作职责，使他们明确分工，各负其责，各尽其能，以便积极主动地开展工作。

我主张班委会由班长、副班长、纪检委员、学习委员、宣传委员、劳动委员、生活委员、体育委员、文娱委员9人组成。单数的班委会便于对重大问题表决，同时又能增强学生干部的民主意识、责任意识。

班委会的工作职责如下（因学校、年级不同，具体工作可做相应调整）：

班长

1. 全面负责班委会工作。制订班委会工作计划。定期主持召开班委会，讨论、布置班级阶段性工作。

2. 参加学校、年级工作例会，落实有关工作安排。

3. 处理班级常规事务。

4. 着重联系纪检委员、学习委员、宣传委员和体育委员。

5. 及时向班主任汇报工作情况。

副班长

1. 协助班长处理班级事务。着重联系文娱委员、劳动委员和生活委员。

2. 负责"班会课记录簿"的记录与保管。

3. 负责班级参加年级值勤工作。

纪检委员

1. 负责"班级日志"的记录，开展班级工作点评，并及时向班主任、班长反馈。

2. 负责班级、学校值勤工作。

3. 负责学校文明班级评分的反馈。

4. 协助学校处理本班学生违纪事件。

学习委员

1. 检查、帮助课代表工作，做好作业收交情况的汇总登记。

2. 注意听取同学们对教学工作的意见、建议，及时向班主任和任课老师反映。

3. 组织召开学习经验交流会和课外兴趣小组（社团）等活动。

4. 组织开展同学之间的帮学活动。

宣传委员

1. 负责教室的环境布置。

2. 负责班级黑板报工作。

3. 负责向校刊、校广播站投稿。

体育委员

1. 负责课间操整队。

2. 组织上好体育锻炼课。

3. 组织开展班级小型、多样的体育竞赛。

4. 校运动会期间，负责班运动队的训练、比赛事宜。

文娱委员

1. 组织开展班级日常文娱活动。

2. 节日时，负责班级文娱节目的组织、排练、演出。

劳动委员

1. 安排每天的值日工作，对值日生工作进行检查，做好记录。

2. 负责班级卫生包干区工作。

生活委员

1. 管理班费，做好记录，每学期向全班同学公布一次。

2. 做好报刊、信件的收发工作。

3. 负责班级眼保健操工作。

4. 协助搞好住宿生的管理。

班委会工作职责制定后，我会组织班委会学习、讨论，并讲解要求，指导方法。同时我将班委会工作职责复印，一式三份。给班长一份，他需要熟悉每位班干部的工作要求；给各位班委人手一份，牢记基本的工作职责；还有一份贴在教室后墙上，以便全班同学了解、督促班干部做好工作。

我还主张让全班同学都能在班委会工作中体验甘苦，增长才干，得到锻炼。为此，我开展轮流当班干活动，我把这样的班委会称为"责任班委会"——"负责任"的班委会。

　　每届责任班委会上任前，我会参与"分工"。一般情况下，尽量满足各人的需要，但要选好"领头雁"班长，班长一般要由工作责任心强、能力强的同学来担任。

　　每届"责任班委会"就任时，应由班长代表本届班委会作"就职演说"。

　　在"责任班委会"任期届满时，我还会指导本届班委会做好总结工作和新一届班委会的交接工作。

　　在新老"责任班委会"交接时，我倡导"三交"：交职责、交经验、交教训（也可称交建议）。

　　在每届班委会工作期间，要做好"扶""帮""放"的工作。即先"扶上马"，这一阶段指导要细，让学生树立信心；然后"帮一程"，这一阶段主要帮助解决学生工作中遇到的困难；最后班委会开展"放手干"。

　　当然，在工作中，还可以根据需要安排适量的干事协助工作。

多角色的工作岗位

班主任要做好班级工作，仅仅依靠班委会是不够的，还应该为全班每个同学提供学习的机会，提供工作的平台。

班主任思考班级岗位设置时，应做到"班级的事，事事有人干；班级的人，人人有事干"。因此多角色的工作岗位，非常重要。除了班委会外，还应考虑以下工作岗位。

1. 小组长

小组是班级的基层组织，小组长的工作状态关系着班级的发展，因此小组长的人选很重要。小组长应该是多面手，工作应该认真、负责。为了提高小组长的工作水平，应经常开展小组间的比赛。比赛不仅是学习成绩，也包括体育、纪律、劳动等方面。当然，比赛的评价也是多形式的，可以分出等次，也可以都是最佳，或者设定不同的表扬称号，如"最有活力的小组""最团结的小组"等。

2. 课代表

课代表是学科的代表，要有负责和吃苦耐劳的精神。班主任应与课任老师多联系，培养课代表认真负责的工作态度。

课代表在学科方面还应该有出色的成绩。班主任应请任课老师培养课代表的学习兴趣，提供机会。比如，鼓励课代表参加学科竞赛，推荐课代表的佳作发表，指导课代表辅导后进同学，使课代表成为班级里的"小权威"。班主任还应在班会课和日常工作中多表扬他们，帮助他们树立威信，推动工作的开展。

3. 不同角色的管理助手

魏书生主张"全员管理"，给每个同学参与班级管理的机会，在班级管理中设了许多工作岗位，如门长、窗长、花长、炉长等。借鉴他的经验，我们可以根据班级管理的需要，设置相应的工作岗位，如电视机长、电风扇长、电脑长、空调长等。

四川成都的龚春梅在班级管理中也有意设置了许多工作岗位，如发型委员、团徽（红领巾）管理员、操行评分管理员、粉笔委员、财产管理员、联络员等。借鉴她的经验，我们也可以根据班级管理的需要，设置相应的工作岗位，如心理委员、阳光小记者、安全委员、图书管理员、饭盒管理员、护绿使者（花卉管理员）等。

比较魏书生与龚春梅的做法，我感到两位老师的共同特点是"因需设岗"，但魏书生的岗位设置都带"长"，龚春梅的岗位设置大多为"委员""员"。两人的做法都带有鲜明的时代印记，但他们设置多岗位的做法都能给我们有益的启发。

4. 有特色的文化社团负责人

随着时代的发展，我认为，在班级中还应设置有特色的文化社团的负责人。

（1）班刊主编。对一个班级来说，毕业以后如果能有些物质的东西值得珍藏，将是非常有意义的。班刊就是很好的形式。要办好班刊，就得组建班刊编辑部，主编负责日常工作。主编平时应留心收集资料编好班刊，毕业时才能有内容丰富的纪念册。

（2）班级通讯社社长。说班级"通讯社"，是大词小用，以显示这一岗位的重要。班级情况应及时报道，向校刊、校广播台、校电视台，甚至向市区报刊投稿，这对增强班级凝聚力很有效。这一工作还未引起班主任的普遍重视，建议不妨一试。从另一个角度思考，文章能不能发表，得看我们的工作是否有新意，这将促进我们对工作的深入思考和积极实践。

（3）美术小组组长。班级应成立美术小组，这样不仅可以出好黑板报，还可以承担布置教室的工作。

（4）文学社社长。学生时代是追梦的时代。班级应建有文学社，并经常开展相应的活动——写散文，写诗，记录自己的心灵。

（5）微信群群主。随着网络的普及，加强网络管理工作很有必要。班级可组建微信群。群主可由班长来兼任。

多形式的组织机构，要在班委会的带领下开展工作。班级的各种组织机构构成了一个有层次的工作网络，将使班级管理有序有效。

有些老师担忧多角色的岗位设置会对学生的文化学习有影响。对此，我认为我们要改变观念。过去，人们常说知识改变命运；今天，越来越多的人认识到技能很重要。学会与他人交往，为集体服务，对学生来说十分重要。在共担责任的集体里，学生的收获是很多的，而且也能促进学生快速成长。

排座位的思考

新学期，我们都要排座位。

排座位，现在有些不正常的现象。比如按考试成绩排，分数高的先挑座位，稳居前列，稳居教室中央；分数低的只能屈居于后排。我曾听有同学说"这是培养我们的竞争意识"。这样的理解已到了麻木的地步，真令人心痛。再如按亲疏关系排，关系亲的坐中间二、三排，所谓"金二银三"，关系疏的后排就座；更有甚者按"贡献"排座位，有权的、有钱的家长充分发挥其"影响力"进行运作。对此，在一些"关系班"上，有老师无奈地搞起全班前后排大循环，当后排高个子"循环"到第一排时，身后的小个子学生只能在前面同学的缝隙中探头探脑窥视黑板了。

其实，排座位方法很简单，那就是应以身高为基准、以视力为参照、男女生相间、注意学生干部分布和学习成绩的搭配。这样做主要是为了便于开展小组活动，进行学习、劳动、卫生等多方面的竞赛，推进班集体建设。

我接新生班或新学期开始时，全班同学一起站到走廊上，依身高排队，两人一组，男女生交替排座（建议同桌为同性别，但前后之间男女生交错）。

排座位以每个教室四组八列为宜，这是最理想的组合。不过各地班级人数不一，多者达到七八十人，教室里人头攒动，人多了座位也难排了。对这种超大学额的不正常做法，班主任真是勉为其难了。不过随着各地教育主管部门大力整治，超大班额的现象正在被遏制。

座位排定后，一周内不宜调整。这是为了让学生有个适应的过程，同时也是为了征求学生的意见。学生有不便的，希望在附近范围内进行微调，都可视情况予以满足。

对个别后进生，有些班主任采取安排另座的做法，我认为是不可取的。当一个学生被安排坐在教室最前端或最后面时，在"众目睽睽"下，他内心会强烈排斥的。当然，为了帮助后进生，我们采取学生干部搭配坐的方式，那又另当别论。

有些班主任让学生自由组合，这种做法满足了不少学生的需要，但在实际组合时，会有学生面临无人愿意和他组合或勉强组合的尴尬。显然也不太妥当。

座位排定后，要制作座位表。一般的座位表都是抄写在纸上，我在实践中有所改进。

1. 制成活页的座位表

因为座位每一两周要循环调动。抄在纸上，不能"因时而动"；做成活页的则可以随时移动。这样便于任课教师依据座位表了解学生。

2. 用墨色区别男女生

男生可以用蓝墨水写，女生可以用红墨水写。这样男生女生一目了然。这一做法是我在一家5星级饭店住宿时悟得的。这家5星级饭店为旅客准备了蓝色与白色的拖鞋，使人感到很方便。

3. 在座位表上注明学生干部的职务

这样既增加了学生们的光荣感和责任感，也便于任课教师了解学生。

4. 在座位表上注明学生姓名中生僻字、多音多义字的读音

现在许多家长在为孩子起名字时，煞费苦心，尽力选用有个性的名字，结果造成有时用字很生僻，连老师也不认识。有些老师为了避免读错字的尴尬，也就不叫有关学生回答问题，结果使这些学生回答问题的几率大大减少。因此，班主任要为任课老师着想，为学生着想，应在座位表上注明学生姓名中的生僻字、多音多义字的读音，以便让姓名中有生僻字、多音多义字的学生得到同样的提问机会；也可以使老师避免读错字，真正做到"让每位同学的名字充满神圣和庄严"。

排座位和写座位表都是小事。只要我们倾注智慧，一定能在小事上显出我们的匠心。记得有年春节，我过去的学生来拜年，曾谈起他在大学里"移植"了我班座位表的做法，得到了老师、同学的好评。说实在的，学校里的许多小事，对人的发展也是有影响的。

值日的安排

说值日的安排，是想说值日生和值日班长怎样安排。

先说值日生安排。有一天，小个子学生柳某问我："丁老师，我擦黑板时够不到顶边，怎么办？"

柳某个子比较矮小，这一天他是值日生。这可是个难题。

对班级值日，不少班主任采取的是承包的办法，即把教室和包干区分成若干区域，责任到人。有的同学负责开门，有的同学负责扫地，有的同学负责擦黑板，有的同学负责关窗，有的同学负责倒垃圾，这样做的好处是任务明确，可以各司其职。

但这样做也有弊病，即把简单的工作也做了"专业分工"，有的同学成了"擦黑板专业户"，有的同学成了"倒垃圾专业户"，这样不利于学生学会劳动，不利于学生学会合作。

我是这样安排的：以同桌为组，承包一天的教室卫生值日。我将教室值日任务细化为十个项目：开门、开窗、整理讲台、擦黑板、扫地、倒垃圾、整理劳动工具、关门、关窗、关灯（包括其他电器）。这些事都由两个值日生完成，同时确定其中的一位为主值日（主值日是轮流的）。主值日有三个任务，擦黑板、倒垃圾和记录劳动情况需要他独立承担。

值日情况记录在练习本上。第一页写清值日的任务、要求以及注意事项，第二页起均为表格式的。我将十个值日项目列成表格，要求值日生每天自评，然后由劳动委员检查，班长和我则负责抽查。这样，就形成了自查、必查、抽查的三级检查机制。

对值日生来说，每天的工作量并不大，而且按桌循环，一般一个月才轮到一次。明确的值日任务，有助于工作责任心的培养，也便于班干部的检查、督促。每天值日班长到班后，黑板上写着值日生的名字，不像分工包干时那样需要逐项对照姓名检查。

当然，对值日生来说也会遇到些困难。比如，个子矮的学生有时擦不到黑板的顶边，对此我建议：值日生轮值时先从后排高个子学生开始，让前排学生"慢慢长个子"，中学阶段学生有时"蹿个子"还真快。同时鼓励矮个子学生"跳起来"擦黑板是很好的方法，另外矮个子同学可以请高个子同学帮帮忙。

对值日生来说，更有意义的是学会合作。两个值日生一起值日，要互帮互助。尽管我做了些专项分工，由主值日负责擦黑板、倒垃圾等，但实际中工作常常是由值日生一起完成的。

同时，对全班来说，这样做可加强学生的自我管理。自评、互评、抽评，值日认真的给予满分，不认真的要重做，这样便可使值日工作有序地运转起来。

现在，柳某问我怎么办，我的回答是："怎么办？那就是跳起来擦黑板，或想想办法，请哪位同学帮帮忙吧！"

再说值日班长怎样安排。为了增强班委对班级工作的责任心，我主张班委应轮流担任值日班长。这既是为了减轻班长的工作负担，也是为了给学生提供学习的机会、锻炼的平台和展示的空间。

为了做好值日班长工作，我和全班学生一起制定了值日班长工作职责。

1. 统计当天出勤情况。

2. 记录当天班级上课情况并处理有关问题。

3. 协助劳动委员督促值日生做好室内卫生。

4. 协助体育委员组织全班同学上课间操。

5. 协助生活委员组织班级做好眼保健操。

6. 协助值日生评价当天的班级日记记录情况。

7. 组织同学上好自习课。

8. 协助体育委员组织好当天的体育锻炼活动。

9. 参加当天学校召开的班干部会议，传达学校布置的工作等。

10. 向班主任汇报工作情况。

这样安排，工作不是很多，但是有职有责有权利。从操作层面来说，有了"任务清单"，比较好掌握。有些班主任采取值日班长轮值一周，又称值周班长制，这样便于学生熟悉工作，也可以参考。

写好学生评语

学期快结束时，班主任都要给学生写评语。

评语，有些地方称为发展性评语，有的地方称为综合性评语，我认为都有道理，因为评语关注学生的发展，是对学生一学期思想、学习、工作、生活等方面的全面评价。

一份好的评语，能反映学生一学期的基本情况和个性特点。在评语中，班主任应充分肯定学生，鼓励学生，同时真诚地指出其存在的问题，以使学生能正确认识自己，明确今后努力的方向。

评语是写给学生看的，也是写给家长看的。通过评语要让家长了解子女的情况，有效地配合学校开展工作。

怎样写好评语呢？

1. 一分为二，重在表扬

写评语，对我而言就像"过电影"。在柔和的台灯光下，一个个学生出现在我的眼前，活跃在我的笔下。写评语时应从学生最显著的特点入手，比如小王同学喜欢"随便翻翻"的广泛阅读，小周同学对语文课代表工作非常负责，小孙同学绘画本领出色，都应该首先提及。这样不仅可以避免格式雷同，而且会使学生感到亲切，并增强光荣感。当然，在充分肯定学生成绩的同时，还要善意地指出学生的不足，诚恳地表达对学生的期望。

2. 以情动人，重在激励

要发挥评语的激励作用，应以情动人，通过激励性语言的情感渗透，使学生感受到老师对他的期望。"我相信你能行""我期待着你的更大进步"这些充满情感的语言，不仅能打动学生的心，还能有效地提醒学生改掉不良习惯。

3. 锤炼语言，措辞得体

在提倡多肯定、多鼓励时，我们更应注意措辞得体、表达准确。如我们可多用褒义词，但不要滥用程度副词"最""很"等，不要夸大其词。同时对暂时后进的同学不应随意套"纪律差""学习差"等帽子，当然也不能含糊其词，故弄玄虚，应恰如其分地作评价，用诚恳的语言提希望，这样才会有更好的教育作用。

写评语，在小学或初中一、二年级可采用第二人称。这样的评语，很温馨，可以拉近班主任与学生之间的距离，使学生强烈地感受到班主任的关爱和尊重，学生的上进心、自信心都会因此增强。初三或高中阶段则宜采用第三人称的写法，这是因为随着学生的成长，学生比较适应老师用正式的行文格式与自己交流。第三人称的写法与第二人称的写法相比，可以进行更全面的评价、更理性的分析；同时，变化的行文方式也能使学生感受到自己在成长。

现在有些老师写评语时，喜欢到网上查资料。那种公式化的评价我认为并不适合许多学生。我们面对的是充满生机、各具个性的学生，绝不能马虎从事。但班主任可以将自己写的评语收集起来，思考怎样才能写好评语。

　　写评语时，往往需要做出等第评价。评语的表述与等第要相符。现在不少学校对学生等第有数量上的要求。比如，初一"优秀"为班级人数的三分之一，初二"优秀"为班级人数的二分之一，初三"优秀"为班级人数的三分之二。这种着眼于学生发展的等第数量变化是动了脑筋的，但我们不能简单地套用，而应根据学生实际、班级实际进行评定。但先"紧"后"宽"的策略是可取的。

　　对学生等第的评定，应采取学生自评、小组互评、班委会和班级组（由班主任任组长的班级教师集体）总评的方法。

　　如果是新接班，评语会更为学生、家长所关注，我们应给学生和家长良好的第一印象。如果是跟班走，班主任应对照上学期的评语，写出学生的变化，写出学生的成长。

　　评语写好后，一定要仔细核对。电脑打字也会错的。一些易错字要引起重视，如"再接再厉"易错为"再接再励"，"尊师"易错为"遵师"等。

　　现在评语的写法也在不断改进。有老师将学生的名字嵌进一首小诗，博得了网上一片称赞声。但这样的小诗往往因为过于考虑学生的姓名而限制了内容的表达，且篇幅过短，并不能反映学生的基本情况。严格地说，不能称之为评语，只能称之为赠语或寄言。因此规范地做好工作很重要。

　　评语的誊写也不容忽视。现在，有些班主任喜欢让学生誊写，对此我不赞同。我一直坚持自己誊写，因为自己誊写时可以对评语再作斟酌，更重要的在誊抄评语时，我感到自己是在和学生进行对话，字里行间游走着我的思绪，我的情感。当然也有许多老师写的评语都用打印法。我还是怀念自己的手写体，因为那传递着温暖和希望。

　　写评语是一件繁重、复杂却又很有意义的工作。写评语不仅是评价学生，也是对班主任工作的考量，从中能反映出班主任的学识素养。我们应不断更新教育思想、教育观念，力争写出的评语能产生良好的教育效果。

班级管理无小事

班级管理无小事。在细小的工作环节上如何操作，体现了班主任的管理思想，反映了班主任的管理艺术。这里和大家分享几件小事的思考。

1. 班费的管理

在班级工作中，需要一定的经费，这就形成了班费管理。

首先是如何收。原先根据上级有关部门规定，在收杂费时曾由学校代收一定数额的班费，然后发给各班使用。这一做法很受班主任的欢迎，但后来取消了，这样班主任在是否收班费上就颇为难。我认为，一切得从实际出发，在征得学校领导的同意下，班主任可以向全班同学收取少量的费用作为班费。当然，对生活困难的学生可减免。

由于班费属于代办性质，不能采取家长赞助的形式。除了适当的收费外，我们还可以采取多种形式来筹集。如变废为宝的方法，可以在教室后面放一个大纸箱（我戏称为"集装箱"）用来收集废纸、饮料瓶，这一方法可谓一举多得，对学生是积极的引导。再如勤工俭学的方法，这并不是大城市学生的"专利"。我在泰州（当时为县级市）时就和学生一起通过为银行做社会调查，为工厂做简单粗加工，积累了一笔笔可贵的班费。又如有些学校在开展活动时发放小额的奖金，这也可以成为班费的又一来源。我认为这些都是好办法，不仅增加了班级的收入，而且增强了学生的集体荣誉感。

其次是管的问题。班费的日常管理应由生活委员负责。班主任要指导学生做好账。账为收支明细账，分收入、支出、结余三项。支出班费时应注明用途，有发票、收据的应将发票、收据粘在账本上。为了让学生学会管理，班费日常使用应由班长审批，大的支出，应征求班主任的意见，但班主任不应做保管者。有时家长愿意帮助孩子管账，我认为可以理解，但我希望家长能放手，因为班费管理难度并不大，我们无须事事代劳，应让学生在实践中学会管理。在工作中，有时学生会把账算错，把钱弄丢。错账，应予纠正；钱丢了，我觉得一般不能由学生赔偿，可作为特例记在账上，由班级"慢慢消化"，或由班主任"垫付"。

到学期结束时，我们应指导生活委员将本学期收支情况列出明细表，一式三份，一份贴在教室里公布，一份送政教处备案，一份则班委会留存。同时在学期结束前的班会上，应向全班同学报告班费的主要收支情况。

2. 做操的位置

一次到泰兴洋思中学参观，其时正好临近第二节课结束。下课铃响后，只见各班学生排成整齐的队伍跑步进入操场，而跟在队伍后面同样跑步进场的是各班班主任。站好队后，伴着优美的乐曲，师生们一起做课间操。

看着这场面，我很有感触，一段往事不禁涌上心头。

在我刚担任班主任时，学生做操时班主任的位置应该在哪里这一问题，便摆在我的面前。当时有些教师是喜欢"督促"学生做操的，他们常站在队伍前列，"人到威信到"，班主任站在队前，学生动作不变样。可我站了几天后，越来越感到不自在。

和学生一起做操行吗？做不好怎么办？经过一番思考，我还是决定站在学生队列后做操。我感到班主任要带头做出样子，我做操动作还是比较标准的。于是，第二天，我便和学生一起做操了，当做到转体动作时，我眼睛的余光和同学们的目光"碰撞"了，我感到同学们似乎在说"老师，你真行"。

一段时间后，我感到师生一起做操，教师不仅起到了榜样作用，而且又锻炼了身体。作为教师易"好为人师"，站在队列，"督促"学生，也许有一些效果，但长远地看，对学生自我教育的培养是不利。严格要求，自我教育，是师生都应该做到的。作为班主任，我们不能居高临下地"督促"每个学生。要理解学生、尊重学生。课间操班主任站队的位置，反映了学生在我们心中的位置。如果说教师"督促"起作用的话，那也应该是互相的。班主任可以"督促"学生，学生也可以"督促"班主任，而且班主任应主动接受学生的"督促"。为此，我决定站到全班的队列前，做"镜面"示范，接受同学们的"督促"。

稍作准备，我勇敢地站到了全班的队列面前。虽然有时动作错了（因为"镜面"动作正好相反，习惯成自然，偶尔会出错），但同学们都投以理解的目光。就这样，我所带班的学生积极参加课间操活动，队列整齐，动作规范，多次在校广播操、校队列比赛中获得第一名。

当我想起这些往事时，感到在工作中，班主任要注意找准位置，摆正位置。著名教育家马卡连柯指出："我的基本原则，是尽量多地要求一个人，也尽可能地尊重一个人。"把对学生的要求与对学生的尊重巧妙地结合起来，放在重要的位置上，一定能取得教育的成功。做操时班主任位置的变化，反映了我们的思考。

我认为洋思中学师生一起做操的做法很好，不少学校也提倡这样的做法。但在更多的学校，班主任"看操"的现象也还存在，我感到，看操不如做操，站在队列前"看"，不如站在队列后"做"，让我们和学生一起做操去。

3. 整理自行车

管理自行车，许多班级是安排值日生轮流值日。抓好值日生工作，成了许多班主任的常规。不少值日生工作很负责，他们常常吃力地将自行车从头到尾一辆接一辆挪开、排齐，有时还会因此而影响上课。而一些学生也因为有值日生要重新整理，便大大咧咧地将车子胡乱一放。

我想，这个问题值得大家重视。于是，利用班会课进行了专题讨论。同学们你一言，我一语，发言非常积极。通过热烈的讨论，大家认识到，自行车要排好，首先要有个统筹安排，自行车要按车型列出停放的区域。其次，每个同学要提高思想认识，要"心中有集体"，自觉把车停好，要维护集体荣誉；要"心中有他人"，主动把车排齐，以减轻值日生搬挪的负担。第三，值日生要增强责任感，当天的值日生可提前一点到校，提醒同学们把车停好，同时对个别未排齐的车子实行"局部调整"，不必从头到尾逐一搬挪，以提高工作效率。实行一段时间后，出现了同学们能自觉将自行车排整齐的可喜局面。

著名教育家马卡连柯指出，教育是从小事开始的。确实，生活中许多小事都是我们进行教育的好材料。班费的管理、做操的位置、整理自行车这些小事做好了，就能提高我们的管理艺术，使师生在班级管理中不断提高水平。

挑战班级管理的难题

班级管理的最大难题，还是问题学生的管理。有些老师遇到班上的孩子不好管，就想不好管，干脆就不管吧。

我不赞成这样的想法。我认为遇到不好管的孩子，遇到管理上的难题，首先要调整心态：嗨！居然有一个难题，看来要好好研究一下。从内心不是排斥，而是乐于接受难题。

在这一点上，我认为教师要向医生学习。我们生了病，特别生了难治的病，都要去找医生。我们会发现，高明的医生从来不选择病人，而且高明的医生正是以善于解决难题，善于治疗疑难杂症而闻名的。因此做班主任也不要选择学生，遇到问题学生，一定要迎难而上。

心态的端正很重要。心态平和了，思考问题，分析问题，就不一样了。不过既然是难题，解决方法也应特别一点。

遇到班级管理的难题，我建议要"会诊"。之所以为难题，有时靠班主任一个人是解决不了的。

"会诊"，我主张首先请班级任课老师来"会诊"。大家对情况比较熟悉。"众人拾柴火焰高"，大家集思广益，形成的解决方案也容易执行。

有一次，我新接了一个班。班上有一个问题学生，行为习惯差，经常欺负同学，上课不听讲，作业经常不完成，是全校有名的皮大王。

我们召开任课老师会议，讨论如何解决。会上，体育老师提到这个同学很喜欢短跑，喜欢踢足球，喜欢出风头。大家讨论认为，喜欢出风头，有好胜心强的因素，也有自卑心理重、想挽回面子的想法。于是大家商定，由我出面，跟他约定，如果一周内不出乱子，可以担任体育课代表。原来班级体育课代表是由体育委员兼任，这样有意安排出一个岗位，负责体育课的整队、收发活动器材等工作。他非常惊讶，立即表示同意。结果这一周的表现非常好，没有捅大娄子。于是走马上任，担任体育课代表后，整队、收发器材，特别起劲。当然，作业还是不能及时交，但欺负同学的事明显少了许多。我认为这就是进步。于是趁热打铁，不断鼓励，终于有了显著的改变。我认为这个学生的转变，得益于体育老师的建议，得益于班级任课老师"会诊"的结果。

"会诊"，还可以邀请家长。但问题学生的形成，往往与他的家长有关。"一个问题学生的背后，必然站着一个教育失败的家长。"这时的"会诊"，不仅要邀请问题学生的家长，还可以邀请家委会的家长，因为他们有经验，可以请他们帮助诊断，提出解决的方案。

我所带过的班上，有个学生不好好学习，作业不能按时交。我去家访时发现，这个孩子非常喜欢猫。家里新养了一只可爱的猫。这个学生回到家，第一件事就是逗猫，陪猫玩，用去了许多时间。而孩子喜欢猫，是源于孩子的妈妈也非常喜欢猫。妈妈看孩子逗猫玩，也一起逗猫玩。于是我和家长交流，在初二学习的关键时刻，不能因为玩猫影响学习。怎样解决呢？爸爸支持不玩猫，把猫送到亲戚家。谁知这只猫很机灵，竟然偷偷地跑了回来。不过猫怕孩子的爸爸，不敢进家门。只敢在家的附近徘徊。妈妈知晓后，悄悄地给猫送猫食，一步一步往家里引，孩子也想方设法关心猫。家里为猫的事争吵不断。

在这样的情况下，家长委员会的家长和我一起去家访。我们和学生的妈妈重点做交流，明确在当下，在孩子学习的关键阶段，一定要厘清是孩子重要还是猫重要。孩子目前成绩下滑，主要是受猫的影响，消耗了大量的精力。

当下，一定不能"玩物丧志"。过了初三，考上中职校后（当时考中职校还有一定的难度），再玩猫不迟。

在征得这个学生妈妈同意的基础上，家长委员会的家长还自告奋勇，将那只猫捉到后，特意送到了外地的朋友家。

猫的风波平息后，这个学生回归正常的学习状态。一年后，如愿考上了中职校。

问题学生这类难题，班主任还要有个思想准备。那就是"冰冻三尺，非一日之寒"。一定要抓反复，反复抓。

问题学生之所以成为问题学生，原因很多，而行为习惯差，是重要的原因。不良的行为习惯要改正，需要不断的提醒，不断的矫正。因此班主任的耐心、毅力很重要。

现在许多班主任都会遇到如何指导学生使用手机的问题。有的老师主张禁止手机带入校园。应该说这样的做法简便易行，但学生在校园被禁，回到家关上门还会用手机聊天玩游戏。因此指导学生认识到过度使用手机、沉迷聊天游戏的危害，学会控制自己，合理使用手机才是最重要的。

我当年做班主任时，还没有遇到如何使用手机的问题。现在和老师们讨论这一问题时，我建议，对如何使用手机问题，一定要加强对个别学生的具体指导。自觉的孩子一点拨就会明白。有网瘾的孩子绝不是一句话就能搞定的。我们可以通过"会诊"，制定解决方案，比如明确使用手机的规则，控制手机使用时间，限定上网内容。特别是违反约定的惩罚措施，比如禁用手机一周等等。明确了管理措施，一定要坚决执行。同时家长要为学生做出样子，减少手机的使用，特别是不玩游戏，以身作则。效果一定是很好的。

我建议，面对问题学生，班主任要学会调整目标。因为问题学生常常是双差生，行为习惯、学习成绩都差。在学习成绩作为重要评价标准的现实生活中，班主任一定要清楚地认识到，"成人比成才更重要"，学生行为习惯的些许改变、改善，班主任要满腔热情地予以肯定、鼓励。今天，大量的生动事例证明，当年在学校学习成绩差的学生有的也发展得很好。有人分析，也许正是当年不间断的批评，培养了他们耐挫抗挫的精神；也许正是当年不看好的冷眼，激发了他们改善交往的热情；也许正是当年不被待见的自卑，促进了他们证明自我的勇气。

　　我还想表达的是，学习成绩有差异，其实是正常的，行为习惯有差异，也是正常的。一个人学习成绩差，对社会影响不大，而一个人行为习惯差，则会影响社会。因此班主任在对问题学生开展教育时，一定要把握好重点。学习成绩差一点，尽自己努力就可以了，但行为习惯差，一定要尽力帮助矫正。

偶发事件巧处理

每位班主任都希望自己的班级能"风平浪静",但是在前进中,有风浪是正常的,我们需要提高自己的应变能力,以妥善处理班级偶发事件。

记得还是住在泰州中学斗姥宫教师宿舍楼里时,有一天夜里,有邻居敲我家的门,说有一个学生站在我家门外的走廊上。

我打开门,吃惊地发现是班级的捣蛋大王刘某。他满脸是血,一脸懊丧,原来是被他父亲狠狠地打了。说实在话,我当时真有点"痛快"的感觉。因为他调皮捣蛋,经常惹是生非,我多次帮助、教育他都收效甚少。今天他终于低下了头来找我了。

但我很快清醒了。幸亏他来找我,如果他不来找我,而是离家出走,那还不知道要捅多大的娄子。我也不知道他是怎么找到我的住所的,但他在最困难的时候,在无助的时候,想到的是老师,也说明我平时的教育还是有效果的。教育是慢活儿,转变是要有一个过程的。想到这些,我真有点喜出望外。

我迅速把他拉进屋里,帮他洗去脸上的血迹。在简单地了解情况后,我决定送他回家,但刘某说什么也不肯,他不敢回去。我说我送你回去,你今天想到老师,说明你信赖老师,老师一定会帮你处理好的。

经过我一番劝说,刘某终于同意回家。我穿好衣服,送他回去。

秋天的夜空,显得特别深邃。路上的灯光把我们的身影映得长长的。我们边走边谈。原来刘某的父亲工作繁忙，脾气暴躁，平时不顾家。对孩子缺少耐心的教育，常常是以打骂作为教育的手段。经常打骂，孩子已不怕了。但今天为了琐事，他动了真格，大打出手。刘某从心里害怕了。

我们一路走一路谈。我跟他讲做人的道理，跟他讲父母的苦心，跟他讲怎样取得父母的信任。一路上，这位捣蛋大王不停地抹眼泪。我知道他是真的被触动了。

走了好长的一阵子，终于到了他的家。刘某的父亲余怒未消。我跟老刘谈起孩子今天的表现，谈起我们一路谈的许多话。刘某也做了检讨。最后，老刘才表示先让孩子睡觉，明天再教育。

我回到家时已是凌晨两点多。我怎么也睡不着，想了许多许多。第二天上班时特意先到了刘某家，跟他父亲单独聊了一会儿。

这件事当时虽使我精疲力竭，但收到了意想不到的效果——刘某发生了明显的变化。我又趁热打铁，让他担任班级的体育委员。他积极做好工作。有一阵，我在外面活动较多，他主动带领同学积极训练，一举夺得学校队列比赛一等奖。

这件事使我认识到教育是慢工夫，特别是对后进生而言更是如此。润物无声，功到自然成。我们平时的工作不会是无用功，那是量的积累。冰的形成是需要时间的，冰的消融也需要时间。我们对自己的工作要有信心和耐心。

使我难忘的还有这样一件偶发事件。唐生父亲性格直爽，处事急躁，是个典型的"炮筒子"。夫妻俩为儿子的教育费尽心思，但体格健壮的儿子不思进取，经常在外惹事，引得家里不断"地震"。这天唐父打电话给我，说是已决定离婚，请我去一下。我一听，感到很为难：夫妻闹离婚，班主任去调解，我能行吗？但转念一想，他要我去，是对我的充分信任，他没有把我当外人。

到了他家，我大吃一惊，大方桌被砸坏，玻璃碎了一地，双方的亲友脸都紧绷绷的。我打了圆场后，空气有所缓解。席间，唐生伯伯的一番话引起了我的注意。他说，都是我兄弟不好，平时不关心孩子，出了问题就拿老婆出气，拿家里的东西出气。我便趁势开导，指出唐父还是顾家的，只是性子躁，考虑问题比较片面。我谈起父母应该怎样教育孩子，应该怎样联手行动。经过大家的劝说，夫妻俩达成了谅解，在教育孩子时基本保持了一致。我也加强了对唐生的教育。结果，这个调皮大王在初三阶段没有再发生重大事故，最后还被地方中专录取了。

俗话说："清官难断家务事。"诚然，家务事头绪复杂，有时确实难断。然而，"难断"不等于"不断"。班主任可以尝试成为家长的朋友，因为许多家务纠纷就是为教育孩子而产生的。抓住了这些家务纠纷的焦点，也就是抓住了解决问题的关键。在解决家务纠纷时，我们因事析理，正是做好教育工作的重要一步。

生活中还有意想不到的事。

"丁老师，薛某的父亲去世了。"

我简直不能相信自己的耳朵，因为前几天，我还和这位学生的父亲交谈过。他关心地到校谈女儿的学习，谈女儿今后的设想。

我立刻打电话和薛某父亲的工作单位联系，原来他是突发脑溢血去世的。

薛某在班上比较内向，是一个话不多的女孩。望着她请假回家远去的身影，我感到，作为班主任，应该在学生最需要帮助的时候伸出援助之手。

我立刻赶往薛某家。在邻居的指点下，我找到了薛某家。这是一间普通的两居室，屋里陈设非常简陋，可谓"家徒四壁"。厂里的同志告诉我，薛科长在厂里是出名的铁算盘、好管家，对工作兢兢业业。妻子在农村，女儿上初中，他年龄才过四十，正值壮年，丢下孤儿寡母，这一家人今后日子的艰难可想而知。

我向薛科长的遗体告别后，沉思了片刻，感到班级应伸出友爱之手，尽我们的心意和力量，帮助同学渡过难关。于是，我召开紧急班会，向全班同学介绍了薛某的家境，介绍了薛某父亲在厂里的好口碑，介绍了薛某在今后可能会遇到的困难。

全班同学立即伸出援助之手。角票、钢镚，一下子就凑了三百多元，这在 1988 年是个不小的数目。当我和班长把这一饱含着全班同学心意的钱送到薛某手中时，她抑制不住内心的感情，失声痛哭。

追悼会结束后，我们继续关注这位学生，请任课教师帮助她加强对薄弱科目的学习。这位学生也很懂事，学习刻苦，成绩不错。初中毕业那年，她考上了老家仪征的一所中专。临别时，这位内向的女孩深深地向我鞠了一躬。

在我的班主任生涯中，还遇到一次学生父亲病故。那是班上的调皮大王李某。他的父母都是农民，家境不好，但他不思进取。我虽多次去家访过，但收效甚微。

一天发现李某未到，这时他的亲戚带信来，说是李某的父亲去世了。我立刻赶往李某家。到了李某家，行礼，致哀，李某的母亲见到我，哭得更厉害了，一个劲地埋怨儿子不听话，说是把父亲气死了。我安慰她，事已至此，一是死者为大，要安排后事；二是活人要紧，要教育孩子，让他健康成长。我语重心长地跟李某说，你父亲去世的原因是肺结核咯血，跟生气没有直接关系，但生气会导致体质下降。因此，做儿子的要争气，要成人，要报答父母的养育之恩。说着，我掏出了身上所有的钱，送给了他们。

"精诚所至，金石为开。"我的一片真心感动了李某。在经历了家庭重大变故之后，他懂事多了，遵守纪律、完成作业、关心集体，各方面都有了明显变化。

作为班主任遇上学生家中有重大变故，这是很少的。但如果能抓住这种重大变故，认真抓好工作，对学生成长会很有帮助。因此，班主任一定要重视这一工作，一定要给同学以关心、以温暖、以帮助，抓住教育契机，切实做好工作。

第三辑

班级活动

教育是在实践活动基础上，在主客体互动中成长、发展的。

——杜威

设计学生欢迎的班级活动

"没有活动，就没有德育。"

活动的内涵很广，比如学校活动、班级活动、社区活动等等。班主任重点要开展的就是班级活动。对班级活动，有老师，包括我，曾理解为是在班会课上开展的班级活动。《中小学班主任工作规定》中指出（班主任）要"组织、指导开展班会、团队会（日）、文体娱乐、社会实践、春（秋）游等形式多样的班级活动，注重调动学生的积极性和主动性，并做好安全防护工作"。因此班级活动常常是指广义上的班级活动。

为了更好地思考如何开展好班级活动，本篇谈如何开展广义的班级活动，包括班会、团队会、文体娱乐、社会实践、春（秋）游等形式多样的活动，因为许多活动要通过班会来组织、来推进、来总结。根据班主任工作的特点，班会课也很重要，所以后面将班会课专列一个章节，来分享交流。

那么班主任该如何设计、开展哪些班级活动呢？在实践中，我们认识到，班主任设计的班级活动应该是学生欢迎的活动，应该是学生期盼的活动。这样的班级活动以新奇的形式吸引着学生；以深刻的立意影响着学生；以丰富的情感打动着学生；以出色的成果激励着学生。

1. 根据教育目标选题

班主任应将"我为国家育英才"作为自己的职责，作为工作的重心。班主任要认真学习党和国家的教育方针，认真学习教育部和地方教育行政部门的有关文件，思考工作的重点。班主任应加强学习，积极、主动设计和开展班级活动。比如暑期社会实践活动，对学生的成长很有帮助，班主任就应该多动脑筋思考，怎样把学生组织起来，怎样避免活动走过场。

2. 根据年级特点选题

应根据学生的成长规律，在不同的年级开展具有本年级特点的活动。

（1）抓年级教育重点

在初一上学期，应加强入学教育，可开展"当我迈进新校园时"的活动，让新生谈进校体会；开展"难忘啊，'黄金时代'"活动，让家长回忆自己的中学生活；开展"我是这样起步的"活动，让高年级优秀学生介绍学习经验；再根据初中学科的特点，开展数学或英语学习的交流活动（也可组织学科知识竞赛）；还可以开展引导学生愉快地度过课间 10 分钟的"欢快的十分钟"小型、多样的体育游戏；因学生在初二年级易分化，可开展"迈好青春第一步"和"我为团旗添光辉"系列活动；根据初三年级、高三年级都是毕业年级的特点，可以分别开展"母校永在我心中"和"走向美好的明天"等系列活动。

（2）结合年级实际

起始年级学生学习负担相对轻些，活动形式可以丰富些，准备的时间也可以长些。比如，可在初一下学期开展"小记者奔向四面八方"调查活动，让学生走入社会进行调查，开阔视野，提高能力。可以在高一上学期开展"百行百业状元郎"走访新闻人物并写采访报告。毕业年级学生学习负担重，活动的规模应小些，要使班级活动与学习的联系更紧些，如可在初三上学期开展"我最喜爱的一句格言"格言交流活动，可在初三下学期开展"在我成长的路上"征文、"同窗情深共勉励"赠言等活动。

3. 根据班情选题

每个班级在发展的过程中都会形成自己的特点，也都会有自己的问题，班级活动的选题还要根据班级的具体情况来定。比如，班上后进生较多时，应开展比、学、赶、帮、超活动；如有学生沉迷网吧、痴迷手机，班级应开展文明上网、正确使用手机等活动。

学习是学生的中心任务，班主任要重视学习方法指导、学习经验交流，多开展与学习有密切关联的活动。

4. 根据中心工作选题

学校也常布置中心工作。班主任应根据学校安排，结合班情，开展活动。比如迎接世博会的召开，开展讲文明、习礼仪的活动，迎接全运会、省运会的召开，开展体育健身活动，迎接创建文明城区，开展环境保护活动。

5. 结合重大日子选题

一年中有许多重要的节日和纪念日。有元旦、植树节、清明节、五一劳动节、五四青年节、母亲节、端午节、六一儿童节、教师节、国庆节等重大节日，有全国中小学生安全教育日（3月的最后一个星期一）、世界红十字日（5月8日）、公民道德宣传日（9月20日）等许多纪念日。

在重大的节日、纪念日，学校常会组织开展活动。班主任要积极带领学生参加活动。有些纪念日学校可能不开展活动，班主任也可根据班级情况，结合纪念日开展活动。像世界水日（3月22日）是开展珍惜水资源教育活动的契机，世界家庭日（5月15日）是开展孝亲敬老教育活动的契机。

6. 根据国家大事选题

国家大事是我们进行教育的重要题材。班主任要有强烈的责任感。如汶川大地震发生后，许多班主任开展专题教育活动，让学生了解地震的形成、危害等知识，了解党和政府带领民众进行的伟大的抗震救灾斗争，感悟生命的价值和生命的意义，激发学生为美好生活而努力学习的愿望。"灾难是最好的动员"，这样的话题让学生与灾区人民同呼吸、共患难，产生的影响将是长久的。台风、暴雨、公共危害事件都是有价值的选题。

7. 根据生活发展选题

生活在向前发展。我们要积极选择生活的"新鲜题"，如留守儿童教育、网络文明等题材。留守儿童教育，不仅是农村的问题，在城市也有许多"洋留守"的孩子。他们的心理、情感、学习等许多方面都需要我们关注。再如怎样引导学生看待万圣节、圣诞节等"洋节"，这对低年龄段的孩子尤其有指导意义。

8. 根据偶发事件选题

班级里会有一些偶发事件，对此班主任要有敏锐的感觉，及时开展活动。比如，同学患重病、班级发生失窃事件等，班主任均可相机作为教育的选题。

偶发事件的选题，主要是要抓住倾向性、苗头性的问题，开展教育活动。

9. 向优秀班主任学习

许多优秀班主任在实践中积累了丰富的经验，特别是本校、本地区的优秀班主任，由于相同的背景环境，他们的经验更具有参考、借鉴价值，我们应增强向他们学习的意识。同时也应注意汲取全国各地班主任老师的智慧。

班级活动的选题是丰富的。选题来自实践，来自精心的思考。

巧借八方力

要搞好班级活动，班主任应善于借力。"众人拾柴火焰高"，班主任应善于借助他人的智慧、他人的力量，开展好班级活动。

1. 向任课老师借力

班主任首先要向任课老师借力。办公室里的交流、食堂中的对话、下班路上的畅谈、微信群里的对话，班级情况和学生的成长应成为我们关注的话题。

班级活动要从任课老师感兴趣的选题入手。如在组织学习经验交流活动时邀请任课老师做点评，在开展学习方法指导活动时邀请任课老师作讲座。由任课老师"指点迷津"，一定会比班主任做得"到位"，同时班主任参与的"合唱"又会比任课老师"独唱"效果好。

还可以邀请任课老师出题，开展学科竞赛一类的班级活动。我带初一时，年级曾用一节班会课时间开展三门学科的学习竞赛活动。前十分钟进行英语单词汉译英竞赛，通过活动强化学生"熟练掌握英语单词是学好英语的基础"这一认识。接着的十分钟我们开展语文课外知识竞赛，引导学生认识到"学好语文，课内课外要结合"。最后二十分钟，开展小组数学接力比赛。数学老师根据教学进度巧妙出题。比赛时，为了保证公正、严肃，每组派出一位同学做裁判，"跟着试卷"走。同学们积极参加，合理利用规则，给我留下深刻的印象。这一活动使学生深刻体验到解题要做到"迅速、正确、熟练、灵活"的道理。

在这样的活动中，任课老师尝到了"甜头"，自然会对活动支持多多。

组织一些专业性较强的活动时，班主任更要得到任课老师的支持。比如，组织拔河比赛，要向体育老师请教，让老师向学生介绍拔河比赛的要诀，"重心要低，用力要齐，屏气坚持"。再如，开展文娱活动时，请音乐老师做指导一定会事半功倍。又如，开展历史话题、环保话题活动时，邀请历史老师、地理老师、生物老师参加，将使学生受益更多。

2. 向家长借力

在班级活动中一定要设法发挥家长的作用，让家长在活动中了解学校，走近老师，以便更好地形成教育的合力。

我们可以直接邀请家长参加班级活动。比如，在"难忘啊，我的'黄金时代'"活动中让家长回忆自己的中学生活，在"伟大的时代召唤青年"活动中让家长与学生谈心。家长的真情述说在"特定的教育场合下"会产生震撼人心的教育效果。

要让家长担任主讲人，我们应开展普遍的家访，从中发现适合为学生作报告的家长。有时在本届学生家长中可能没有适合的人选，但在过往的家长中有适合的，可以组建班级家长讲师团。开展活动时，邀请有关家长就他擅长的话题与学生进行交流，同时这种资源还可以在同事之间共享。

我们还可以请家长经常关心班级活动。比如，开展"我是家长小助手"家务劳动比赛时，请每位家长出题。在举行集体生日会时请家长写祝贺信，毕业前夕请家长给学生写寄语，那些深思熟虑的话语，可以激励学生，感动集体。

3. 向社会借力

我们要充分利用身边的资源，可以邀请当地的劳动模范、先进工作者等到校"现身说法"，讲述他们的实践体会和人生感悟。这种"以人育人""帮助学生寻找生活中重要他人"的做法是很有效的。邀请时要事先"做好功课"，特别要关注其语言表达能力。

在相同条件下，我更倾向于邀请年轻的优秀人物。"青春偶像"与学生间更少代沟，其靓丽的外形、亲切的话语、活泼的举止，更能使学生亲近和崇敬，能增强班级活动的吸引力。

班主任八方借力，是为了形成工作的合力。在大家的共同参与下，班级活动将深深烙印在学生的记忆中。

让每个学生都积极参加活动

有一次，我到一个班级听课，全班不少学生都积极投入，但身边有位学生却无动于衷。我问他为什么，他委屈地说，这个活动没有他的事。原来班主任设计活动时没有考虑他的参与，他和好几位同学被"遗忘"在活动之外。他的话引起了我的思考。我们在设计班级活动时，一定要设法让每个学生都积极参加活动，让每个学生都能在活动中学习成长。

1. 设计让每个学生都能参加的活动

进行活动设计时，我们首先应多设计全班每个学生都能参加的活动。比如，"我最喜欢的一句格言"的交流、"我的理想"一分钟演讲比赛、"向校友致敬"与校友通信等活动，每位学生都能参加，置身于这些活动中，每个学生思、听、说、学、做，都不是"局外人"。他们亲身的经历会加强他们的体验，促进他们的感受。

在进行活动设计时，我们还应设计较多的互动活动，以给同学们畅所欲言的机会。比如，我设计的"十秒拍手"的活动，全班同学齐参与，并且有多次分享讨论。第一次十秒拍手，你有哪些感受？第二次十秒拍手，你有哪些感受？同学们争相举手，交流感受，收到非常好的效果。

有时全班学生都做了发言准备，但因为时间关系，不能做到人人都"亮相"，这时有的班主任便挑些"好"学生发言。次数一多，有些学生会想为什么老是轮不到自己，心里就有失落感。对此，建议进行全班交流时，班主任可采取小组推荐、临时抽签、轮流发言等方法。

2. 让每个学生轮流主持班级活动

我认为不仅要设计全班每个学生都能参加的活动，而且要让每个学生有主持班级活动的机会。

活动主持人是班级活动的核心人物，许多班主任都喜欢让"好"学生担任。对此，我主张应该给每个学生机会，让每个学生都有担任主持人的经历，都能在主持班级活动时增加体验，加强学习，不断地成长。

对这样的做法，有班主任担心活动会搞砸。以我的经验，解决的办法是"知人善任"，即让能力强的学生主持难度大的活动，如组织与兄弟班联欢、邀请先进人物作报告等活动；让能力差一点的学生主持难度小的活动，如学习经验交流、学习方法指导等活动。我曾在所带班一学期开展了 10 次班级活动，这样三年中就开展了 60 次活动，全班每个学生都有主持活动的机会，都有主持活动的经历。这使他们非常兴奋。当然，会遇到困难，这时，我会和他们倾心交流，悉心给予指导。

让每个学生都有主持活动的经历，既体现了教育的公平，给每个学生以机会，让每个学生在活动中成长，又体现了因材施教，让有才干的学生得到更多的锻炼。

3. 调动每个学生的积极性

话说回来，并不是每个活动设计都能做到人人参加的。比如辩论活动，学生很喜欢。通常分成两个队，每队三个辩手；而一节课要将话题辩出高低，需要时间，往往只能进行三轮辩论。这样一来直接参加活动的可能只是部分同学，其他同学势必会成为"听众"，成为"看客"，他们的积极性会大受影响。

为此，我们一定要尽可能调动全体学生参与活动的积极性。我的做法是把班级分成若干小组，组成代表队；每个学生都要为本代表队收集"弹药"，小组实行"成绩捆绑"，大家共担责任，分享成功。同时，在辩论中如果台下的同学感到台上的同学发言不够理想，可以随时举"助辩"。当然，他的发言也有时间限制。这种正规比赛时没有的设计，增加了学生的参与性，调动了学生参与活动的积极性。

4. 关心不积极参加的学生

"十个指头，长短不一。"在集体中也会有学生不想参加活动，不会开展活动。对此，班主任应了解、分析他们的心理状态。多鼓励，多剖析，对不想参加活动的学生，鼓励他参加活动，让他在活动中有所体验，感受魅力；对不会开展的学生要注意帮一把，让他懂得活动的基本方法，提高本领，增长才干。

为了让全班同学积极参与，班主任一定要多动脑筋。设计活动时要有"一个也不能少"的活动策略，多设计"大家来做（说、想）"的活动环节。

要调动学生积极参与，班主任自身的积极参与也很重要。班主任要以热情的话语激发学生参与活动的激情，要以亲切的目光关注学生的活动，要以强烈的情感带动学生参加活动。

系列活动的结构

为了增强班级活动的效果，我们可开展系列活动，"让班级活动成为闪光的珍珠链"。

作为系列活动，活动与活动之间应形成合理的结构。常见的结构有以下三种。

1. 纵式结构

采用纵式结构时，整个活动环环相连。前一个活动是后一个活动的起点和基础，后一个活动是前一个活动的继续和深化。我曾开展过"当家乡的小主人"系列活动，做了如下的设计：

（1）"请尝尝我们做的菜"（自做饭菜）。通过自订菜谱，自购食材，自做饭菜，体会平时父母烧饭做菜的辛劳，增进与家长的感情交流。

（2）"小记者奔向四面八方"（调查）。在自做饭菜活动的基础上，以"菜"为话题开展专题调查，学生以小组为单位分别到农户（种菜）、菜场（买菜）、饭店（烧菜）、农科所（研究菜）进行调查，了解有关行业为提高生活品质做的许多努力。

（3）"请听我们的建议和呼声"（献策）。在专题调查的基础上，以小主人身份向有关单位提出合理的建议。

（4）"沿着历史的足迹前进"（参观历史博物馆）。通过参观家乡的历史博物馆，了解家乡的历史。

（5）"今日家乡在腾飞"（信息交流）。在了解家乡历史的基础上，交流对今天家乡建设成就的了解。

（6）"为了家乡，我愿……"（一分钟演讲）。在对家乡建设成就了解的基础上，表达为家乡的明天而努力学习的愿望。

（7）"贡献我们的青春和热血"（联谊）。为了家乡的明天，开展和兄弟班的联谊活动，相约同龄人一起奋斗。

（8）"刻苦学习，为我家乡"（学科竞赛活动）。开展简便易行、饶有趣味的学科竞赛，把建设家乡的美好愿望落实到具体行动上。

（9）"家乡蓝图我描绘"（走访上级领导）。让学生走进有关政府机构，建言献策，表达心愿，培养参政议政意识。

（10）"家乡，请听我们的报告"（新闻发布会）。举行新闻发布会，汇报活动心得。

2. 横式结构

横式结构是围绕主题，从不同侧面加以反映。如我曾开展的"做合格的中学生"系列活动，其中"我在祖国怀抱里成长"（诗歌朗诵会）、"我和ABC 交朋友"（英语学习）、"欢快的十分钟"（小型、多样的体育比赛）、"方寸天地趣无穷"（集邮知识讲座）、"我是家长小助手"（家务劳动比赛），就是分别从德、智、体、美、劳动教育等不同角度，紧扣"做合格的中学生"这一主题来实施的。

3. 纵横交错结构

系列活动之间更多地表现为纵横交错结构。我曾指导学生开展过"高擎理想的火炬"的系列活动。具体为：

（1）在新的起跑线上（交流新学期计划）。交流新学期的计划，明确奋斗目标。

（2）高中生活应当这样启航（班主任老师指导）。班主任老师介绍高中生活的特点，指导学生如何开启高中生活的航程。

（3）百行百业状元郎（新闻人物特写报告）。利用国庆假期，开展走访身边的"新闻人物"活动，撰写人物特写报告进行交流分享。

（4）"人才成长百例"的思考（案例分析）。在人物特写报告的基础上思考该如何努力。

（5）怎样使你更聪明（学习方法指导）。任课老师指导如何掌握有效的学习方法。

（6）我们握有金钥匙（学习经验交流）。同学分享交流学习经验。

（7）自信与成功（心理辅导）。鼓励学生增强自信，克服困难。

（8）向着更快、更高、更强（班级室内运动会）。通过室内运动比赛调节学习氛围，增强班级凝聚力。

（9）扬起理想的风帆（联谊活动）。与兄弟班开展联谊活动，迎接新年的到来。

（10）迈向新的高度（十佳评选表彰）。通过十佳评选表彰，进行学期总结。其中，在"新的起跑线上"（交流新学期计划）、"高中生活应当这样启航"（班主任老师指导）、"百行百业状元郎"（新闻人物特写报告）、"'人才成长百例'的思考"（实话实说）等活动都是先后相连（纵向联系），"怎样使你更聪明"（学习方法指导）、"我们握有金钥匙"（学习经验交流）、"自信与成功"（心理辅导）、"向着更快、更高、更强"（班级室内运动会）等活动，则是从学习、心理、体育等不同侧面（横向联系）紧扣活动主题，而"共同扬起理想的风帆"（联谊）、"迈向新的高度"（十佳评选表彰）等活动，又是先后相连（纵向联系）。这样纵横交错，不断深入。

在研究班级活动内在结构时，还应注意解决假期与学期或两个年级段之间的衔接问题。过去，假期往往是班级活动的"盲区"。这段时间较长，进行活动设计时应该体现教育的连续性。我曾这样设计过，如初一上学期结束时，布置学买菜、学做菜，为初一下学期"请尝尝我们做的菜"自做饭菜活动做准备；再如初二下学期结束时，布置小发明、小实验、小制作、小考察、小论文活动，要求学生利用暑假积极参加实践；初三上学期开学不久，即安排"成功在于实践""五小"成果介绍活动；又如高一上学期结束时布置各组利用寒假收集资料，为下学期"做一个道德高尚的人"文娱表演做准备；高一下学期结束时布置调查活动和青年志愿者活动，为下学期"家乡的昨天和今天"专题调查汇报和"青年志愿者的报告"做准备。这样的班级活动跨学期环环相扣，形成合理的结构。

特殊的寒假作业

寒假时，许多老师都在思考学生寒假作业的事，许多作业都是学科的作业。作为班主任，我认为不仅要布置、指导学生积极完成学科作业，而且要布置、指导好学生的德育寒假作业。

我最喜欢布置的德育寒假作业是登门给老师拜年。

现在，春节时登门给老师拜年的学生似乎越来越少了。出现这种情况的原因是多方面的，比如，现在拜年方式已多样化，有电话拜年、短信拜年、电子贺卡拜年等。但我认为登门拜年这一民族习俗还将在我们的生活中存在，仍然是学生应该学习的。

"言为心声，行为心仪"，登门拜年可以增强人与人之间的感情交流，可以活跃节日的气氛。学生登门拜年，应首选给本班老师拜年。对学生来说，这样既可以表示尊师，又可以学习文明礼仪，还可以实践人际交往的方法。但春节时大家都比较忙，学生也缺乏登门拜年的礼仪知识和生活经验，还有不少问题要考虑。

我和学生聊起登门给老师拜年这件事时，他们几乎一致赞同。但同学们又七嘴八舌地议论到"不知道老师的家""去了以后不知道说什么好""春节期间我们怎么集中"等等。为此，我在班会课时安排了一个专题用于谈拜年。我介绍了拜年的习俗，谈了我的思考，并征询同学们的意见。同学们又提了不少问题：老师春节时会外出吗？老师不在家怎么办？到了老师家说哪些话好？拜年时要不要带礼品？在老师家，停留多长时间为好？老师请我们吃饭怎么办？等等。

对此，我一一指点。老师春节时会外出吗？——我们可事先约定，出发时再打电话确认。到了老师家，老师又临时有事不在家怎么办？——可委托邻居转达，可写下留言条表示已到过，也可另择他日。到了老师家说哪些话好？——说祝贺节日的话，说感激老师的话，说身边的事，说班级的事。拜年时要不要带礼品？——可以不带，也可以带张贺卡，带束鲜花，不论价格，只表心意。在老师家，停留多长时间为好？——一般来说20分钟便可，但要相机行事。如老师家中有客人，可早些告辞，如老师正忙着办事，也可早些告辞。老师请我们吃饭怎么办？——谢绝并热情地表示感谢。

此外，我还建议，因为春节里师生都有自己的安排，到任课老师家拜年时，最好分一下工。我主张以课代表为组长，组成班级代表队代表全班同学向老师拜年。

我也特意与任课老师联系，请他们支持我们班学生的实践，安排好时间，做好准备，做好学生来拜年时的接待。

由于指导具体到位，登门拜年收到了相当好的效果。

新学期开始时，我遇到班上的任课老师时，他们都说："谢谢你指导学生来拜年！"任课老师对学生登门拜年很满意。由于平时比较忙，有些师生之间感情交流比较少。春节的拜年，缩短了师生间的距离，增强了感情交流。任课老师说，想不到某某学生拜年时还真能说，真会说。他们的表扬使学生非常欣喜。

学生也感到收益多多。好几位学生告诉我说想不到某老师家条件还很艰苦，想到这位老师平时忘我地工作，自己表现却不太好感到真有点对不住他。又有几位学生告诉我说，到某老师家拜年，吃惊地发现他已在备新学期的课时，真是感动极了。家长遇到我时，也高兴地说，孩子懂事多了，不仅给中学老师拜年，还给小学老师拜年。而这些又是我开始时未想到的。

寒假的德育作业设计可以很丰富，除了拜年外，比较好的作业形式还有为父母洗一次脚、为父母捶一次背、为身边的孤寡老人做一件好事等。

寒假的德育作业不仅要做，也要写下来。这不是为了检查，而是因为实际生活是学生写作的源泉。在活动中，班主任要指导学生学会观察，学会把自己的情感真实细腻地表达出来。这样寒假作业就可以使学生在多方面得到提高。

寒假的德育作业还引发了我思考如何进一步关注学生的暑期德育作业。对学生的假期生活予以更多的指导，是值得我们每一个班主任深入思考的。

暑期活动要重视

国定第一居委会：

在你们的指导下，我的暑期社区实践活动收获多多。为了将工作做得更好，我也给你们提一点建议，供参考。

1. 门口宣传报更新较慢，没什么新鲜内容，很难吸引居民。

2. 要多动员居民，呼吁大家保护环境，定期组织居民集体打扫小区。

3. 建立工作建议栏，可以把居民意见直接贴在上面。

4. 垃圾房要分区，分为可回收和不可回收垃圾区。

5. 在小区里多设置几个垃圾桶，方便居民扔垃圾，但需定期的清理。

6. 定期做一些问卷抽查，由楼组长负责，可以及时了解最近居民的生活情况。

7. 花园和路边多安装几盏灯。

8. 居委会在小区靠后面，挺隐蔽的，小区外的人很难找到，最好能设立指路牌。

9. 在门口地图上标明小区楼号的具体位置。

感谢居委会老师们对小区建设做出的贡献，虽然提出了以上建议，但我是觉得已经做得很好了，令人感动的是门口宣传栏内的工作报告和通知内容都是手写稿，很辛苦。希望你们能做得更好！

上海市晋元高级中学高二（9）班　尚晓叶

2011 年 7 月 30 日

这是我指导的学生暑期社区实践的一份作业。从内容看，如果不认真参加社区实践，是提不出这样具体、细致、含金量高的建议。

我感到在班主任指导学生开展的活动中，暑期活动需要加强。

暑期时间比较长，有的学校暗度陈仓，提前上课；有的家长安排补习；有的学生外出游学。漫长的暑假，如何有效利用，着实考量着班主任。

1. 加强统筹，设计暑期活动菜单

对暑期活动的安排，我建议班主任要设计活动菜单，对学生进行暑期活动指导。

暑期活动，学生年级不同，安排也会不同。比较重要的班级活动有：

（1）读书活动。班主任要和语文老师商定，开列推荐书单，要求学生认真读书，及时上传读书笔记，暑期后进行交流评比。

（2）参观活动。根据学校工作布置，组织学生参观爱国主义教育基地（革命斗争纪念馆、会议旧址纪念馆、伟人故居等）、科普教育基地（博物馆、科技馆、禁毒教育馆、科技示范园区、海洋馆等）、国防教育基地（军事博物馆、青少年军事训练基地、民兵训练基地、国防教育学校等）。次数不要多，但要精心组织。

（3）社区实践活动：去居委会实践、去敬老院慰问、去福利院演出。

2. 精心组织，形成工作规范

为提高暑期活动的有效性，班主任应加强研究，精心组织，形成比较好的工作方案，并不断完善。比如我指导的居委会社区实践，为期5天。为了不走过场，我特意编制暑期社区活动方案，明确要完成的社区实践作业。具体为每天要完成社区实践日记1篇，完成社区活动方案1篇，完成慰问信1篇，做好社区实践总结1篇，完成给居委会的建议1篇。

为了做好工作，我与学校附近的居委会商量，提出了建立工作联系的重点挂钩。让住在学校附近的同学到挂钩的居委会实践。挂钩的居委会则提供社区实践五日课程，让学生在社区学习的5天，每天有不同的学习内容。比如第一天熟悉社区基本情况和工作要求。第二天走访军烈属（退休职工、外来务工者）。第三天出宣传栏。第四天听讲座。第五天参加座谈会。

当然住得远的同学需要自己联系居委会或也到我们重点挂钩的居委会参加活动。

同时让学生根据自己的安排，选定到居委会实践的日期。这样全班同学按照选定的时间去实践，都有机会得到较好的锻炼。

这是高一升高二时的暑期社区实践安排。我告诉学生，也许一生只有这一次走进社区的实践，必须重视，必须有所收获。

这样的社区实践活动，教师的指导必须跟上。我除了工作布置外，烈日下去居委会检查，和学生一起活动是经常的，不可少的。

写好班级活动纪实

　　一次精彩的班级活动结束后，如果不能留下纪实文章，我认为非常可惜。因为纪实文章是班级生活的文字影像，是学生成长的书面记录。同时我们认为班级活动应关注学生的综合素质的提高。纪实文章的立意、收集材料、取舍材料、文字表达等，从不同角度反映了学生的综合素质。因此班级活动结束后，我主张学生用笔记录，撰写班级活动纪实文章。

　　班级活动纪实文章，谁来写呢？我认为首选是参与策划（主持）的同学。因为策划（主持）人比一般同学对班级活动的设计、推进有更多的了解。当然，我们确定人选后，要指导他多留心、多观察本次活动的情况。同时班主任应积极提供有关资料，如活动准备过程中的好事、趣事，活动结束后学生的反映。班主任还应鼓励策划（主持）人加强与同学的交流，主动收集资料。

　　为了让策划（主持）人全面地了解情况，班主任可以和语文老师合作，将班级活动作为本周周记（有的学校称为"随笔"）的选题来写作。由于班级活动内容丰富，形式多样，学生有着各自的体验和感受，因此文章也常常精彩纷呈。不过有时我们可以全班写，有时可以部分同学写。不要让学生产生"定势心理"，每次活动必须要写作，那样会患上"班级活动写作疲劳症"（写作还是要动脑筋的），当然喜欢写作的同学，可以让他们多多动笔。

　　活动纪实重在纪实，真实地记录活动情况。既记成功，也记失败；既概述全程，也记典型事例；既记活动实况，也记同学感受。写好后班主任要认真修改，定稿后打印给全班，每位同学人手一份。这样可以给同学们留下宝贵的书面记录。

每学期的活动纪实可以汇编成册。在目录上由执笔者签名。同时还可邀请领导、专家、家长、先进模范人物为活动纪实集题词。有条件的班级，将来可以编制成班级成长册。

我一直倡导班级活动策划（主持）人由同学轮流担当。这样每位同学都有可能为班级活动做记录，留下精彩的一笔。收录有每位同学轮流撰写的班级活动纪实将成为班级成长册中最精彩的部分。

有班主任提出这样的问题，小学中低年级的学生还不会写作，怎么办？我的思考是，我们一直欢迎家长参加班级活动。伴随着家长文化程度的明显提高，我们可以邀请家长撰写班级活动纪实。对家长来说，一学年或者更长的时间，才会有一次写作的机会，家长负担不重，都会重视的。他们的积极参与，会使班级活动锦上添花。

当然如果班主任自告奋勇来写，也是很好的。这就犹如我们为孩子写成长日记。不过日记改成了周记或双周记，工作量也不是很大，班主任更会从中感受到许多乐趣。

附录：

请尝尝我们做的菜

（自炊活动）

张 蔚

最近我们校园里爆出了一条小新闻——初一（4）班的一群毛孩子居然自己做出了可口佳肴，连老师们品尝后也啧啧称赞哩。烧饭、做菜本是件很平常的事，可是让我们这群十三四岁的少年自个儿上街买菜，自个儿掌勺炒菜，那可确实不平常。

当老师把活动的初步设想告诉同学们后，立即得到了大家的热烈欢呼和积极响应。在同学们七嘴八舌的议论中，活动方案逐步成熟了。那就是自己定菜谱，自己带炊具，自己购菜蔬，自己当厨师，一切的一切，全是自个儿办，不要老师帮忙，不要家长代劳。

首先是定菜谱。这可是个关键问题，讨论当然也最热烈。有些同学吃了十多年的菜，却不知道什么是菜谱，但又不愿承认自己生活经验上的不足，于是凭着自己的想象，随便起个菜名，引得大家哄堂大笑。可也有不少同学是"小能手"，在家里已是"一级厨师"了。他们的见解真叫人佩服。在热烈的讨论中，十多个颇为像样的菜名在记录者的笔下诞生了。孔雀开屏、爆炒三丁、墨峰黄莲、珍珠翡翠白玉汤……多得很呢！不要说吃，光听了这些名字，就够诱人的了。后来又决定谁定的菜谱就由谁掌勺。这下子，几个"小行家"就更神采飞扬了。

接下来该买菜了。活动规定了每组的统一"菜金"。各组要在有限的相同的"菜金"内，看谁安排得好。

一个星期六的大清早，一批年轻的"采购员"们就出现在菜场上。菜场上，人流如潮，熙熙攘攘。由于同学们都是"第一次当家"，缺少经验。这儿转转，那儿瞧瞧，这个新鲜，可是价格太高，那个便宜，可又不合胃口。左思右想，拿不定主意。还有些同学问了价钱，明明小贩欺生抬了价，也不好意思还价。不过尽管如此，采购员们都"满载而归"，买到了需要买的菜。通过采购，同学们第一次体会到父母们的操劳，也学会了一点精打细算的本领。

盼望已久的统一行动的时刻到了。下午第二节课后，（编者注：当时是六天工作制，周六还是上课，不像现在有的学校偷偷摸摸地补课）我们的活动正式开始了。同学们把课桌拼成四大组。碗、盘子、瓶子、罐子整齐地排列在桌上。炉子靠墙边放好。尚未洗过的菜分摊在地上。在各组小组长的指挥下，烧饭的忙着生炉子、淘米，掌勺的小厨师和他们的小助手则忙着拣菜、洗菜、剖鱼、切肉丝。教室内外，充满了紧张而愉快的气氛。尤其是掌勺的同学，扎上小围裙，卷起了衣袖，真像个老练的大师傅。"吱——"，这边的鱼下锅了，大师傅熟练地将鱼翻了个身，放一点作料。霎时，香味溢满了整个教室，令人馋涎欲滴。"当——"，那边是爆炒三丁出锅了，堆了一盘子，冒着热气，凑上去一看，嘿，色香味俱全。但是在忙乱中，也闹出一些笑话。一个小厨师，心里想的是放盐，可嘴里喊出的却是"快拿糖来"。结果助手们急忙将糖送到他手里。炒出的菜，不用说，甜死了。又有一个小厨师，锅子烧得通红，可就是找不到油。好不容易找到油，谁知慌乱中，倒了许多，手一抖，菜又下了锅。当然，这个菜也不会可口了。有的同学实在耐不住香味的诱惑，在大家忙的时候，就先尝了几口。"嗨，不错!"不由得夸了起来。忽然又赶忙捂住了嘴，小心地看了看四周，原来他还怕别人发现他在"偷"东西吃呢!

教室里终于安静下来了。桌子上摆满了菜。这一边，珍珠翡翠白玉汤可算是上乘之作，吸引了相互参观的同学们。那一边，也围上了一圈同学。赶上去一看，啊! 真美! 盘子里一圈圈大小均匀的皮蛋，一个个橙黄的橘子瓣，中间用梨子削成了鸟的身子。这真像一个孔雀抖开了美丽的羽毛。问问制作者才知道这个菜就叫"孔雀开屏"。被邀请的老师们也来了。他们看着同学们精心制作的菜肴，啧啧称赞个不停，教室里充满了欢乐的笑声。

一道道美味佳肴，一阵阵欢声笑语，一个个津津有味地大吃大嚼的场面，都被少年摄影师及时地摄入了镜头。

尽管我们做的菜，未必赶得上父母的手艺，更不能与真正的厨师相比，尽管我们做的菜，甜的太甜，咸的太咸，但是我们吃起来却感到特别有味。因为这全是我们自己做的呀! 同学们都体会到了享受自己劳动成果的欢乐。

第四辑

班会课

让精彩的班会课成为学生幸福生活的起点，让难忘的班会课成为学生美好时代的回忆。

———丁如许

重要的一课

　　"德育为先""立德树人"，说起德育工作，大家都认为非常重要。

　　在班主任工作中，许多老师都认识到班会课是重要的一课，是班主任对学生进行教育的关键课堂；是推进班集体建设的有效途径；是学生提高认识、发展能力、增强素质的重要载体。随着对班会课研究的不断深入，我们认识到这节课在日常工作中还存在不少问题，必须加强研究。

　　首先，在课程设置上，各地各校的重视程度是不一样的。许多学校课表上每周都安排 1 节班会课。但不少学校的老师告诉我，在片面追求升学率的重压下，这节课被"挤压"变形了，成为简单的工作布置课、粗暴的老班训话课、多变的补课机动课、灵活的作业自修课。许多班主任为班会课究竟上什么，怎样上而苦恼。

　　班主任必须注重学习、加强研究、积极实施，努力上好每一节班会课。

　　班会课常见的课型可分为班级例会、主题班会（主题活动、主题教育课）两大类型。

　　班级例会就是班级例行的会议。常常就班级的日常工作进行点评，解决班级管理上的问题。班主任主要运用表扬或批评的方式，对学生进行教育，同时就班级存在的问题进行讨论，就学校的工作进行布置等。班级例会一般由班主任主讲，也可由班干部主讲。不少班主任指导值周班长在班级例会上点评班级工作，是个不错的做法。

班主任要注意观察、分析班情，积极、主动、及时地解决班级存在的问题。

主题班会，顾名思义，有一个明确的主题，围绕这一主题开展。实践中，我们可将主题班会分为以学生活动为主的主题活动式的主题班会和以教师讲述为主的主题教育课式的主题班会。这样的表述有点拗口，可以简称为主题活动和主题教育课。

主题班会的选题，常常根据学校工作布置和班级具体情况开展。这两个选题角度都很重要。学校工作布置，班主任要积极落实。班级具体情况，班主任要注意观察班情，及时开展针对性的教育。

主题活动，顾名思义，要"活"要"动"。形式要活泼多样，要让学生"动"起来，这个"动"不仅指学生的参与度，更指学生内心的触动、感动。

主题活动，一般由学生担任主持人，当然也可以师生共同主持。这样的主题活动，学生走上前台，重在"实践体验，锻炼成长"，但存在"时间不够"（准备时间比较长、实施时间也比较长）和"过分准备"（有的主题活动完全按既定模式推进，学生发言机械，成了"木偶"）的弊端。

主题教育课由班主任主讲，围绕某一话题重点准备，开展师生对话，体现了"教育为先，指导为重"的特点，但容易成为班主任的"一言堂"，沦入"说教"的尴尬。

近年来，微型主题班会的兴起，解决了准备时间过长、实施时间过长的弊端。

在实践中，许多班主任认识到，成功的班会课有以下作用。

1. 有利于班集体的建设

班主任重要的工作是建班育人，通过建设班集体实现育人的目标。在建设班集体的过程中，班主任特别需要建设良好的班风，形成良好的班级舆论。

根据班集体建设的发展目标，开展班级例会，有助于班级日常管理的推进；召开主题班会，使学生能不断明确班级的奋斗目标并实现近期目标。每个在班会课开展成功的教育活动，都是向班级奋斗目标的迈进，都能增强班集体的凝聚力。

2. 有利于学生综合素质的提高

班会课也是学生学习、交流、展示的重要平台。我曾在班会课开展老共青团员的报告、团的知识的辩论、入团志愿书介绍、编报评比、游艺、集体友谊舞、入团宣誓等一系列的活动，使学生的心灵受到震撼，思想得到升华，认识产生飞跃。

在丰富多彩的主题活动中，学生不仅要看、要听、要想，而且要说、要做。即使是准备一次发言，也要认真构思，收集资料。这样，经过一次次班级活动的锻炼，学生将走向成熟。我的许多学生毕业若干年见面时，经常感叹当年班会课的活动给他们的锻炼，使他们在社会生活中连连"得分"。

3. 有利于专题教育的实施

由于班级工作事务繁多，班主任还经常面临许多专题教育任务。班主任可通过主题教育课，对学生进行积极、主动、有效的教育。

主题教育课是在原先伦理谈话课的基础上发展而来。与"伦理谈话"比较，命名"主题"，较之"伦理"选材更广泛，如环保、禁毒、团结、安全、心理疏导等，均可选材；命名"教育"，较之"谈话"形式更生动，不是单一的谈话形式，而是可以辅以多种教育手段，如课件、视频等，也包括师生的互动交流。

今后要上好班会课，一定要注意将班级例会、主题班会有效地整合起来。

但目前班主任如何上好主题班会，还需要加强研究。

　　作为班主任一定要重视班会课，发挥班会课作为班主任工作的主课堂、主渠道的作用，经常思考学生喜欢班会课吗？班会课是否发挥了教育的功能，是否促进了学生的健康成长？班会课还需要如何提高、如何改进？

　　经验证明，既有意义（从选题上看）、又有意思（从形式上看）的班会课，学生特别欢迎，我们需要通过研究，打造更多的魅力班会课。

写好班会课教案

这些年来，我到了许多地方，听了不少班会课，也主编了一些班会课用书。在工作中，我发现不少班主任不写教案。

上课不写教案？有些老师的回答是太忙了，但潜台词也许是班会课没有必要写教案，而事实上许多老师还不会写教案或写不好教案。

"凡事预则立"，要提高班会课的有效性，就必须加强对班会课教案的研究。写好教案，是备好课的必要举措。班主任一定要用心谋划，规范成案。

确实，班主任工作很忙。基于这一现实，我建议首先应先写好简案，但简案并不简单。它需要班主任用心谋划，规范成案。一般说来，应注意以下几点：

1. 拟定响亮课题

主题班会课原本没有课题。为了开好主题班会课，班主任就要给主题班会课拟定一个响亮的课题，让学生一听到这个课题就产生好奇、向往。在拟定课题时，应力求表达明确、新颖生动、上口易记，如《我是小学生啦》《五月最美康乃馨》《爱的同心圆》《四季有常，不可逾越》《要爱你的妈妈》《老鹰与蜗牛》《哭泣的垃圾桶》《天道酬勤》《理解就是沟通》《永不止步》《相约2049》《我想有个家——一只小鸟的心声》《朋友一生一起走》《最好的对手是强手》等，就很有特点。

人们常说"题好一半文"。好的课题，凝聚了作者的许多思考。好的班会课课题犹如一杯好茶，能够引发学生细细品尝。

2. 思考设计背景

"设计背景"这一环节，不少学校的班会课设计方案中没有。我认为这一环节不能少。班主任应该回答这样一个问题，"你为什么要上这节主题班会课？"不少老师回答是学校工作的布置。这常常是实情，但这样的回答是不够的。

"我为什么要上这节主题班会课"，班主任一定要做认真的思考。实践中我将思考的要点概括为"大处着眼，小处着手"。

所谓"大处着眼"，班主任必须要加强学习，认真学习党和国家、教育行政主管部门的重要文件，增强"我为国家育英才"的使命感和责任感。根据有关教育文本思考，什么该做，什么必须做，怎样才能做得更好。比如"我的梦，中国梦"主题教育活动，就是要加强理想信念教育、提高实践能力，培育创新精神。当然我们也可以从专家、学者的精辟论述中找到依据。

所谓"小处着手"，班主任要认真研究班情，分析本班学生的特点，思考怎样做更适合学生的实际情况，更具有针对性和实效性。

"大处着眼"，我们要站得高，看得远，"小处着手"，我们要抓得准，做得实。

3. 明确教育目标

班会课应有明确的目标，而且目标要具体、实在。

教育目标怎样制定呢？在实践中，可以选用这样三种写法：

（1）知识目标、情感目标、行为目标

班会课首先要聚焦知识目标。通过班会课，学生获得了哪些知识，是班主任首先要关注的。这是学校学习的特点所决定的。其次是情感目标，通过班会课，学生有怎样的情感体验。第三是行为目标。通过班会课，学生的行为会有哪些改变、提高（其中包括能力的提高）。

这样的写法比较多地用于活动式的主题班会，如：

《Hello，课间十分钟》

重庆市中山外国语学校　　熊智勇

【教育目标】

1. 知识目标：让学生明了课间休息的意义、规则和方法。

2. 情感目标：增强学生规则意识，培养学生文明自律、友爱他人的情感。

3. 行为目标：改变不良的课间行为方式，学会安全、文明地度过课间十分钟。

（2）知识与能力目标，过程与方法目标，情感、态度与价值观目标

教育目标的另一种写法是将目标分为知识与能力目标，过程与方法目标，情感、态度与价值观目标。这一写法更多地用于班主任讲述为主的主题班会课。

《新环境、新起点、新目标》

浙江省瑞安市新纪元实验学校　　陈芳芳

【教育目标】

1. 知识和能力目标：通过活动让学生认识新班级、新学校，学习如

何与同学、与老师交往，明确新学期的奋斗目标，迎接新的挑战。

2. 过程和方法目标：通过观看视频、案例分析、小组交流等方式，引导学生尽快地适应中学生活。

3. 情感、态度与价值观目标：通过活动增进学生对班级、对老师、对同学、对学校的情感，积极投入新的学习生活，积极面对困难，迈好入学第一步。

（3）数字1、2、3

有些班主任喜欢用数字就用数字来表示，1、2、3，也是可以的。但所列项不要太多，一般2到3个。做到目标集中、明确，便于操作，利于实现。

列数字时，因为没有限定语，目标之间可能有交叉。班主任拟目标时，要避免交叉。

《我为班级添光彩》

浙江省平阳县新纪元学校　金大游

【教育目标】

1. 通过交流，增强学生的主人公意识，懂得个人与集体的关系，增强责任心。

2. 指导学生学会观察与思考，为班级的发展献计献策。

3. 指导学生从小事做起，从我做起，用自己的实际行动为班级增光添彩。

在制定教育目标时，关键要用好动词。同时要注意目标的适切度，可操作性，力求"小""实""可达成"。

现在有老师上班会课时，沿用教学上的方法。开始就让全班同学一起朗读本课目标，进入"亮标"环节。我不赞同这样的做法。著名教育家马卡连柯曾说"在开展活动的时候，教育的意图愈隐蔽，教育的效果愈好"。就是要寓教育于活动之中。上班会课时，我们没有必要告诉学生我们的教育意图，要达成什么目标，而是让学生在活动中体验、交流、感悟，在实施的过程中水到渠成地达成目标。同时我想补充的是，班主任在设计班会课的时候，教育的目标愈清楚，教育的效果愈好。班主任要思考本课要通过哪些环节、哪些途径，来达成我们的教育目标。

这里顺带说明，有些老师将"教育目标"称之为"教学目标""教学目的"。我认为因为是班会课，有别于文化课，所以提"教育目标"为好；至于"目的"与"目标"的区别，一般认为，目的比较抽象，是某种行为活动的普遍性的、统一性的、终极性的宗旨或方针。目标则比较具体，是某种行为活动的特殊性的、个别化的、阶段性的追求。某一行为活动目的的最终实现有赖于许多具体的行为活动目标的实现。所以称"目标"为妥。

至于主题活动式的班会，有老师拟称"活动目标"，我认为是可以的。

4. 课前准备充分

课前要做哪些准备，也是简案的重要环节。要做哪些事，应一一列出。

有老师跟我说，感到写这一部分时，总感到有点乱。我的建议是，按照准备的先后的顺序来写，或者分为老师准备、学生准备来写。

5. 课的过程清楚

班会课的过程是教案的主体。作为简案，要把主要的步骤写清楚，以便把握。这个过程应注意体现逻辑关系。先导入，再展开，最后总结提升。

这一过程，主题活动式的班会可以称之为"活动过程"，主题教育课式的班会则称之为"教育过程"。

下面介绍一份简案。

《好书伴我行》

浙江省瑞安市新纪元实验学校　魏小明

【设计背景】

习近平总书记强调要"真正把读书学习当成一种生活态度、一种工作责任、一种精神追求,自觉养成读书学习的习惯"。然而今天,坚持捧书阅读的人似乎正在减少。不过中小学生的读书情况一直受到关注,许多学校和家庭,正在为培养学生良好的阅读习惯而努力,也取得了一定的成绩。

但小学生的阅读面狭窄,内容比较单一;有些同学对阅读还显得比较随意。本次学生汇报、展示为主的主题班会课意在交流读书经验,分享读书成果,引导学生快乐阅读,学会选择阅读,推动读书活动深入开展,使更多的学生爱读书,会读书。

【教育目标】

1. 通过活动分享古今中外名人读书事例,使学生进一步认识读书的重要性。

2. 通过活动让学生明白读书要有选择地读,读既有趣又有意义的书。

3. 通过学生读书经验交流和成果展示,调动学生读书的积极性,推动读书活动深入开展,促进学生养成好读书、读好书的良好习惯。

【适合年级】

小学高年级

【课前准备】

1. 选好主持人,指导主持人写好主持稿。

2. 收集名人读书的小故事。

3. 排练歌舞、朗诵、快板、相声、合唱等节目。

4. "诗词采风"栏目的演练指导。

5. 与学生合编《读书拍手歌》。

6. 指导学生写好书推荐的理由。

7. 指导学生制作书签。

【活动过程】

一、活动导入

二、讲述名人读书小故事

1. 鲁迅嚼辣椒驱寒

2. 黄侃误把墨汁当小菜

3. 曹禺真读书假洗澡

4. 王亚南绑在柱子上读书

三、快乐读书串串烧

1. 诗朗诵《书——我们的朋友》

2. 歌舞表演《读书郎》

3. 对口快板《我爱读书》

4. "诗词采风"栏目

5. 相声《我对古诗有研究》

6. 小合唱《春晓》

四、交流读书的乐趣

学生说说自己从读书中获得的乐趣。

五、好书推荐会

六、赠送手工制作的书签

七、班主任总结

这样的简案提纲挈领，便于班主任把握。更重要的是，今后如再上同题课时，班主任可在原先的简案上修改完善。如果由学生设计，也可告诉学生，"这里有一份简案，你们可以参考，希望做得更好"。

一份份的简案，记录着班主任的思考，承载着班主任的智慧。在写简案的基础上，我建议每学期写一篇详案。详案与简案相比，基本环节不变。但内容更为充实，需要加强课堂的预设。班主任要细化每一个教育环节，加强预设，认真备好课。

相信有了一份精心准备的班会课教案，班主任一定能得心应手，上出充满魅力的班会课。

培养主持人

　　班会课对学生的成长有重要意义。为了让学生在班会课上得到更多的锻炼，我们在开主题活动式班会时，应让学生学习做主持人，以得到更多的锻炼。

　　课前班主任应与主持人多交流，给与必要的指导，消除紧张，增强自信，积极地做好主持工作。

　　在指导主持人工作时，我们要注意：

1. 学习统筹策划

　　在小学高年级及中学的主题班会中，主持人不能只是报幕员，他还可以是班会的策划人、统筹人。班主任要帮助主持人学习统筹策划，制订、完善班会方案。

　　活动方案制订后，班主任应指导主持人进行课前准备。应提醒主持人提前做检查，不能到搞活动时才检查。如有困难，要鼓励主持人与同学商量如何解决。

　　如邀请任课老师、家长或外单位来宾参加班会，可采用口头通知、电话联系、书面邀请等方法，把班会的时间、地点、内容介绍清楚。如邀请有关同志发言，还应讲清具体要求。

2. 搞好会场布置

会场布置，是课前准备的重要一环。主持人应与有关同学配合，搞好会场布置。

黑板是会场布置的"主景"。黑板上应写上课题，形式应富有变化。可用彩色粉笔写，可用金纸剪成的字贴；应根据需要用仿宋体、楷体、草体、娃娃体等不同字体书写。有时用于会场布置时间的有限，可事先写好条幅或刻好"即时贴"，到时贴到黑板上。

随着办学条件的改善，许多学校用上了多媒体教学设备。大家喜欢制作课件来呈现课题，但黑板上的课题还是不可少。因为随着课的推进，课件的内容会有变化，如果没有黑板上的课题，拍摄的照片有时不能反映出课的主题。二者配合运用，才会相得益彰。

桌椅可根据需要，摆成"凵"形、"｜｜"形、"田"字形等，有时还可以将桌椅搬到教室外，以扩大空间。

在课前还可播放音乐来渲染气氛。应做好准备，保证顺利播放。

3. 准备主持词

主持词是班会的重要串词，它起到交代背景、突出主题、衔接过渡、总结全课的重要作用。班主任应根据课的流程，指导主持人准备好主持词。

（1）写好主持词

①导入语要贴切、生动。导入语是开场白，起着"暖场"的重要作用。一般要交代课的背景、准备过程和流程。导入语要以生动的话语调动同学们参加班会的激情。

②引出要亲切、有变化。对具体环节的推进，要多动脑筋。或以名言引出，或以往事带出，或以典故导入，力求不拘一格，富有变化。

③过渡要自然、流畅。班会一般由若干板块组成。转接时应做到交代清楚，衔接巧妙，自然流畅。

④结束要简洁、有力。课结束时要做必要的总结，指出本课的亮点以及今后努力的方向。由于学生观察、分析和思考的能力不一，班主任还应相机指导，或由班主任自己做最后的总结。

主持词要写下来，这样有利于整理思路，调整结构。

（2）练讲主持词

课前，主持人一定要多练习，熟悉主持词。说话时语速应适当放缓，适当降低语速更有利于把握好情绪。练讲时可以请老师、同学提出改进意见。

如果有时间，最好能将主持词背下来，这样效果最好。如果时间紧，可以使用讲义夹做提示。

（3）调整主持词

主持词写好后，并不是一成不变的。邀请的嘉宾，一定要搞清楚他们是否已经到场了。如果还没有到场，就不要介绍；如果是中途到场，要择机介绍。

主持人要把握好课的过程，对课中"出彩"的部分，要注意保密。

课的实际推进与预设可能会有变化。时间变短怎么办，课的进程拖长如何处理，都应有所考虑。课的用时如果短一点，不必刻意延长，可增加课的评点或召开班级工作例会。过程可能延长时，应及时调整，尽量按时结束。

班主任应指导主持人相机调整主持词。许多有经验的班主任喜欢坐在邻近主持人的位置，届时面授机宜，是很好的办法。

4. 撰写班会纪实

主题班会结束后应组织学生写班会纪实。写班会纪实的同学首选是主持人，因为主持人情况熟悉，所以主持人要多了解、多留心、多观察课的情况。

班主任应积极提供有关资料，如准备过程中的好事、趣事，课后学生的反映等。班会纪实写好后班主任要认真修改，定稿后应复印发给全班，一人一份，给学生留下宝贵的书面记录。

将来在编写班级成长册时，由每个学生轮流撰写的班会纪实将是其中精彩的篇章。

增强班会课的知识性

今天，升学率为人们密切关注。有班主任为难地跟我说，他们也想班会课丰富多彩，但别的班有不少老师利用班会课补课，他们还在开展一些活动不是吃亏了吗？

我感到老师们的埋怨是有一定道理的，是可以理解的。但作为班主任，我们要牢记自己的责任，班会课是我们对学生进行教育的主课堂，班会课不能任意挪作他用，班会课不能沦为补课的"第七节课"，沦为自修的"第八节课"。但我们也应思考作为在学校开展的活动，应增强班会课的知识性，让学生在知识的魅力中提升认识，是非常重要的。班会课的知识含量、知识魅力应该为班主任所关注。

1. 设计与文化学习有直接联系的班会课

学习是学生的主要任务。班会课应关注学生的学习，设计、开展与文化学习有直接联系的活动。如"刻苦学习为家乡"学科竞赛、"我和 ABC 交朋友"英语学习、"在神奇的科学王国"科技魔术等。这些活动与学习直接相关，但绝不是文化课"补课"的简单再现。

同时，我们更应该提高班会课本身的知识含量。如我和工作室老师在研讨"诚实守信伴我行"班会课时，就做了这样的设计：先学习文言文"立木建信"（商鞅变法时取信于民的做法），解释重要字词，疏通文句，用四字短语概括选文所述之事，再用四字短语概括所述之事的深刻意义；接着"说文解字话'诚信'"，从"诚信"两字的组字成词的特点分析，揭示诚实守信对成长做人的作用；然后是诚信小故事介绍，组织学生品味中外名人名言等环节；高潮则是四组学生代表介绍本组制作的"诚信公益广告"。精练的广告词、精彩的广告画面，都是同学们认真学习的成果。这一课受到了学生的热烈欢迎。

2. 开展与文化学习有密切联系的活动

我们还应在班会课开展与文化学习有密切联系的活动。这类活动主要从学习目的、学习方法入手。对学习方法，有班主任认为应该让学生自己摸索"适合自己的学习方法"，"任课老师对学生进行学习方法的指导"。我认为这只说对了一半，班主任有责任对学生进行系统的学习方法的指导。我就在班会课开展过"金手指"学习方法指导系列活动，学生反映很有实效。

班主任可以在班会课开展"我最喜爱的一句格言"交流、"学海初航品甘苦"学习经验交流、"怎样使你更聪明"学习方法指导、"他与时间"学习习惯评点等活动。今天我们还需激发学生崇尚科学、追求科学的热情。为此，我们可开展"奔涌的科技新潮流"科技知识讲座、走近院士等活动。我想，大中城市学校的班主任如能邀请到院士这样的杰出科学家到班上作讲座，对学生的教育将是终生难忘的。

3. 开展学习广义的文化知识的活动

作为班主任，作为学生的"人生导师"，我们的视野要开阔。我们不仅要关注学生今天的成长，还要关注学生明天的发展；我们不仅要指导学生学习与课本知识密切联系的文化知识，还要指导学生学习社会生活中所需要的广义的文化知识，像人际交往、艺术欣赏、法律常识等，特别是人际交往的本领，更要多学习、多尝试。

成功学大师卡耐基说过，一个人事业上的成功，只有15%是由于他的专业技术，另外的85%要依赖人际关系、处世技巧。我们要通过班会课培养学生人际交往的本领。比如全班分组开展自编小报活动，肯定有同学不会编，也有同学不想编。作为组长，就需要善于调动同学的积极性；就需要知人善任，扬其所长；就需要协调同学关系，吸引同学来参加编报活动。而在活动中的相互交流又有助于学生学到本领。这样对学生学习人际交往是很有帮助的。我们还可设计"爸爸妈妈你们听我说"子女·与家长谈心、"我与老共产党员交心"忘年交通信、"祝福你，闪光的年华"为同学庆祝生日、"警钟在这里长鸣"模拟法庭辩论等活动。这些班会可以迅速地提高学生人际交往的本领。

4. 以思想道德教育为主的活动，更要注意运用知识的力量

我认为，以思想道德教育为主的活动，更要注意运用知识的力量。如"他与时间"学习习惯评点这一活动，在活动中，可以穿插介绍名人关于珍惜时间的论述，以起到振聋发聩的作用。再如"做一个道德高尚的人"文娱表演，也可以以小品的形式，表现道德高尚者的风范，突出其名言警句，使学生们在他的睿语中，在知识的力量中产生思想的升华。

作为班主任，我们应熟练运用至少200条名人格言、熟悉100个名人事例。

在介绍名人名言、名人事例时，过去我们偏重于革命家、科学家、文学家；今天我们也应该关注学生喜欢的体育明星、影视明星、财经人物、政坛人物。我们如果仔细研究，就会有许多新的思考。比如，我很喜欢近年来迅

速崛起的演员、导演吴京，观看《战狼2》《流浪地球》，阅读有关吴京在演艺圈打拼的故事，"艰难的两步""水下打斗的窒息""六千万的救场"从"功夫小子"到"国民硬汉"的成长历程，我为吴京所折服。我也很喜欢姚明。姚明被称为"上海好男儿""中国好男儿"。姚明当年收购上海男子篮球队的义举，不仅表明他懂得感恩（上海男子篮球队是姚明成长的摇篮），而且表明他勇于创新（事实证明他引进 NBA 的管理方法是相当成功的）。吴京喜欢说"越努力，越幸运"，姚明常说"努力不一定成功，但放弃一定失败"，这两句话不约而同都强调努力的过程，给人们留下深刻的印象，而对过程教育的关注是许多班主任都非常重视的。

运用好形式

运用好形式，我想有两个含义。一个是运用好的形式，另一个是把好的形式用好。

好的活动形式可以激发学生的兴趣，调动学生参与的积极性，增强班会课的魅力，收到良好的效果。班主任应思考班会课的有效形式。

1. 学习优秀班主任的成功经验

我国幅员辽阔、学校众多，许多优秀班主任在自己的岗位上以他们的智慧给我们留下许多精彩之作。这些年来，我主编了"魅力班会课"系列丛书，收到了全国各地许多优秀班主任的来稿。仔细读稿时，我经常有这样的感慨，"他们太能想了，他们做得太好了！"从活动的立意到具体的选材，从整体的构思到细节的设计，我们均可认真学习借鉴。

我在许多地方讲课时，都有老师告诉我"魅力班会课"系列丛书给他们的帮助，给他们的启发。相信阅读过"魅力班会课"系列丛书的老师都会有这样的感受。

特别值得一提的是，本校优秀班主任的经验也值得学习，相同背景下的成功经验，更具有参考价值。

2. 运用创造学的方法加以改善

说起创造学，有些老师感到离我们较远，其实创造学并不神秘，其基本方法就是"加一加""变一变""移一移"。

所谓"加一加"，我们看到优秀的教案很有特点，就可以学习运用。但借鉴时建议要结合班情，增加新的设计，不要简单照搬。如迎新年的班会，我就增加"时光老人赠送金钥匙"的环节，神奇的金钥匙、时光老人特定的身份会使学生终生难忘。

所谓"变一变"，我们根据他人的成功做法加以变化。如小学里有一个颇受学生欢迎的活动"看图说话"。我借鉴这一做法，将"看图说话"变为"看图赛歌"。"看图赛歌"分为"必唱画"与"抢唱画"两个环节。必唱画事先贴在教室里，让学生们充分酝酿；抢唱画则"保密"，比赛到高潮时才亮出。活动时先进行必唱画的比赛，分小组唱（全班都参与）、创新形式唱（要求不高，只要有别于小组唱就可，意在鼓励学生创新）、最佳歌手唱（因为是比赛，要扬学生所长）等环节，然后在班会课结束还有 8 分钟时，亮出抢唱画，进行抢唱画的比赛。最后在全班拉歌声中，统计结果，评出优胜。

所谓"移一移"，我们自己的班会课也有成功的设计，但看到别人有好的做法，也可以移植到自己的教案。比如，有个老师用蜡烛的距离来说明男女生相处的距离，我认为生动形象，把这一做法借鉴移入自己的教案中。

从"加一加"到"移一移"，是以向别人学习为主，到以自己研修为主，这样多种形式的研修让创新变得不神秘，变得触手可及。

3. 鼓励学生创造好的形式

在班会课上，学生是主体，特别是主题活动式的主题班会，我们应鼓励他们积极参与。事实上，他们常会有令人惊喜的表现。

如我在指导开展"为母校争光的人们"与校友通信活动时，原先设计的是与校史室中光荣榜上的著名校友通信。但不少学生认为那些著名校友自己还不熟悉，想与自己熟悉的身边的普通校友通信，尽管他们的成绩不一定显赫。这一建议合情合理，我采纳了。活动中，学生与自己熟悉的身边的普通校友通信，普通校友也积极回信谈自己的人生感悟，勉励学生将来能在平凡的岗位上建功立业。这些普通校友的积极回信，也避免了杰出校友因工作忙不回信使学生苦苦期待的失落，也使我们更加关注和鼓励学生要在平凡的岗位上默默奉献。

再如，我在指导学生开展"我最喜爱的一句格言"的格言交流时，主持人提出，不要只是介绍格言，既然大家都有很多自己喜爱的格言，对格言有一定的了解，那么可以安排"格言竞猜"这个小节目。我认为他的创意不错，就采纳了，实践下来效果也好。结果，这个五分钟左右的小环节便成了今后开展这一活动时的"保留节目"。

在鼓励学生参与时，我认为以下方法行之有效：（1）召开班委会。发挥班干部的智慧。（2）征集金点子。面向全班，请大家献计献策。（3）发布招贤令。告诉学生，我们遇到怎样的困难，看谁能揭榜，谁能应战。（4）小组轮流制。各小组轮流主持，看谁做得更好。

学生的积极参与，一定会使班会课充满生气。

上好主题教育课

主题教育课，是近年来迅速发展的主题班会新课型，是班主任根据学校工作布置和班级具体情况开展的由班主任主持、主讲、发挥主导作用的专题教育活动。

主题教育课选题广泛，学习、理想、纪律、诚信、环保、安全、劳动、感恩、网瘾、惜时、节约等众多话题，皆可入题。

主题教育课形式多样，虽以班主任主讲为主，但辅以师生对话、小组讨论、观看视频、情境（情景）思辨、活动体验等多种形式。班主任可以像学科老师那样精心备课、精心实施，走进学生的内心世界。

1. 主题教育课的特点

在实践中，人们认识到成功的主题教育课具有两大特点：

（1）计划性

主题教育课是班主任根据学生的成长需要和特点，遵循教育规律，有目的、有计划、有步骤地对学生开展的专题教育。

长期以来，我们的班会课究竟该怎样上，众说纷纭。实践中，许多班主任认识到必须加强教育的"基础工作"，而精心设计的主题教育课，具有"教育为先，指导为重"的特点，能引导学生懂得做人的道理，播下理想的种子，能培养学生良好的生活学习习惯，使学生提高辨别力，加强自控力，增强免疫力。班主任可以改变"头痛医头，脚痛医脚"、零打碎敲、被动应付的局面。

（2）有效性

成功的主题教育课，应具有"动之以情，晓之以理，导之以法"的鲜明特点。

班主任要着眼于学生的成长需要，认真分析班情，精心做好上课准备。主题教育课虽以班主任讲述为主，但要求师生平等对话。班主任只有事先认真选择话题和充分考虑预设，准确把握学生的生命脉动，才能为学生释疑解惑，指点迷津。有不少班主任还认识到主题教育课要特别在"导之以法"上下功夫，这种关注问题解决的做法得到学生的欢迎，也得到了更多班主任的赞同。

事实证明，主题教育课操作简便，是解决班级问题的有效途径和加强主动教育的有力举措。

2. 怎样上好主题教育课

要上好主题教育课，实践启发我们要做好以下几点：

（1）主题鲜明，材料充实

上主题教育课，如何选题，如何立意，如何布局，都要下一番功夫。具体如下：

①主题鲜明。主题的选择、确立非常重要。主题的提炼、确立首先跟选材有关。如今社会，多元的思潮、多元的价值观必然会对学生产生多方面的

影响。再加上中小学生涉世未深，人生观、世界观、价值观正在逐步形成过程中，因此主题班会课的选题要恰当，要有及时性和针对性。

所谓及时性，班主任要因时而动，根据社会的发展和人的成长规律进行选题。

我建议班主任在电脑内应建一个专题文件夹，收集党和国家、教育部和地方教育行政部门的重要文件，认真学习，把握工作的重点。需要说明的是，我们不要求老师们对文件内容倒背如流，但应在需要的时候找出文件，查一查，看一看，学一学，以把握工作的要点。当然，我更建议学校在校园网上设置"政策导航"栏目，以便于每一位班主任学习、研究。

所谓针对性，班主任一定要认真研究班情，思考本班的长处和存在的问题，比如学生主动学习的能力如何？学生是否自觉遵守纪律？学生爱读书吗？爱锻炼身体吗？班主任要关注学生的思想动态，针对班级中的热门话题、难点问题，及时上好针对性的主题教育课，这样的课将具有吸引力和实效性。

②材料充实。主题确定后，班主任要围绕主题多层面、多角度地筛选材料，力争材料充实。这个"充实"，可以理解为材料要丰富、典型、新鲜、生动。班主任平日要注意收集材料，做好充分准备。

（2）立足教育，形式多样

顾名思义，主题教育课重在"教育"。主题教育课不仅要力求主题鲜明，而且要运用形式多样的教育手段，增强教育的针对性和实效性。实践证明，以下教育手段有实效：

①师生对话。我们要变"说教"为"对话"。要做好"对话"，话题上选择学生感兴趣的，形式上老师不能居高临下，而是平等地、和颜悦色地互动交流。

班主任设计话题时要做到小、实、多，注意话题的递进性。如夏洁老师在上《四季有常，不可逾越》时，开展了课前调查，选取了"什么是早恋？"

"老师家长通常都反对孩子早恋，但除了影响学习之外，早恋到底还有哪些不利的因素？""遇到感情问题，如何正确处理？怎样做可以与异性保持一种合适的距离？"等话题。层层递进，让学生有话可说。

班主任更要关注在主题教育课课堂上生成的问题。随机生成的话题需要老师相机引导。生成的话题有时比预设的话题更有讨论的必要。

②小组讨论。师生对话是老师与学生的交流。小组讨论则是生生对话，是学生自我教育的重要形式。

小组讨论的形式是多样的。可以是同桌，可以是四人小组。一般说来，同桌讨论的话题比较简单，四人小组的话题比较复杂。

在四人小组讨论时班主任要明确谁是组长，要指导组长、指导同学紧扣话题进行讨论，注意讨论的实效。

在小组讨论时，我们提倡学生要做到"三学会"，即"学会倾听，学会发言，学会小结"。所谓"学会小结"，是指在全班交流时，同学要认真听组长代表本组做的小结，是否到位，是否需要补充。这样在生生对话中，可以得到更多的收获和提高。

③情境（情景）思辨。情境（情景）思辨是体现道德认知的重要表现形式。班主任要巧设情境（情景），用文字题、图片、图文结合题、录像等，引发学生思考、辨别，甚至辩论（编制正方题、反方题），从而调动学生参与的积极性。

④课堂活动。主题教育课也可以开展课堂活动。这种课堂活动简便易行，不需要学生事先做准备。比如"巷道脱险""人字"游戏、竞猜书名等课堂活动都是寓教育于活动之中。

由于主题教育课以班主任讲授为主，因此班主任一定要制作好课件。课件文字要精练，图片要丰富，同时可以配视频、音频等材料来增强讲授的效果。

使用视频材料时，要注意选择，视频要贴近主题，可以做适当的剪辑，力求视频图像清楚、声音清晰。如果自拍视频，建议多拍特写镜头。

(3)"三主"为主，互动交流

主题教育课上，班主任要担当起"三主"的重任，即做好主持、主讲、主导工作。

所谓主持，指班主任是主题教育课的主持人。作为主持，班主任要眼观六路，耳听八方——学生细小的反应，如皱眉、撇嘴、嘀咕、会心一笑等，都应该重视；作为主持，班主任还应起到穿针引线，承上启下的作用；作为主持，班主任要善于调节气氛，把握节奏，最后还要总结全课。

所谓主讲，指班主任要精心设计、广泛选材、合理取舍，科学构架全课。由浅入深、由表及里；由现象到本质，旁征博引、娓娓道来；晓之以理、动之以情。班主任在讲述时要设身处地、贴心贴肺，使学生入情入境、入心入脑。

所谓主导，指班主任要加强学习，研究班情，直面学生的学习生活，关注学生的困惑，走近学生，抓住学生存在的问题或思而不解的问题，给予积极的引导。如学生学习缺乏动力、心理存在障碍等，班主任应动之以情、晓之以理、导之以法，真正解决学生的实际问题。使学生有所触动、有所感悟、有所进步，进而内化为自己的行动，收到实效。

"主导"不是"硬导"，不是"我说你就要听"，而是重在"引导"，以理服人，以语言的魅力打动学生，以人格的魅力感动学生。

主题教育课要走进学生心里，一定要体现师生的互动，组织学生积极参与讨论，让学生思想的火花迸发、碰撞、升华。

主题教育课虽然要做到"三主"，但要避免老师的"一言堂""独角戏"，可以用问卷调查、回答问题、小组讨论、情境思辨等形式调动学生参与的积极性，使班会课气氛活跃。根据实践经验，一节成功的主题教育课至少应有三四次大的互动交流环节，才能把课堂氛围不断地推向高潮。

打造魅力微班会

很多学校、很多老师都知道我钟情于班会课的研究。知道我常讲的课题为《打造魅力班会课》。近年来我在全国各地的讲座活动中，讲题变为了《打造魅力微班会》，而且，我和我的团队在许多地方借班上课，现场演绎魅力微班会。这一字之差，有哪些思考和变化呢？

1. 微而有谓：微班会的称谓

（1）微班会的由来

人们常说，"知识改变命运，网络改变生活。"以微博、微信为特征的信息技术迅猛发展的微时代的到来，也促进学校教育的变革。在微时代背景下，"短""快""小""灵"的微班会（微型主题班会的简称）让许多班主任情有独钟。

（2）微班会的特点

微班会，应具有以下特点：

①短：用时短暂、力求高效。时间长度为 10 分钟左右。10 分钟，符合现代生活的快节奏，符合学生的心理特点，符合高效德育的要求，要求班主

任精心设计，让时间的有效利用最优化。

不短不叫微班会，是我们的基本认识。

②快：应变及时、快速行动。微班会的选题，首先是班情的观察。班级存在哪些问题，师生注意观察，发现问题，及时解决。选题的确定还可根据学校工作的布置。有时班主任已确定好本周班会课的话题，但学校又有新的工作布置，这时班主任可以用微班会的形式加以落实。

③小：切入小巧、聚焦明确。由于时间的限制，微班会常常选择微小话题，一事一议，如教室卫生、课堂纪律、课间安全、同学相处等话题。微班会也可以选择大的话题，将大话题分解为小话题。一点深入，系列推进。比如理想教育话题，可开展"放飞梦想""追梦路上""坚守梦想""祝福梦圆"等若干微班会。这样既便于操作，又滴灌浸润，系列推进。

④灵：方法灵活、课时灵动。由于时间、话题等限制，微班会要求方法灵活，像观看视频、讲述故事、开展活动、分享照片、运用比喻、进行对话，都是常用的有效方法。同时因为只有 10 分钟的时间，微班会可以在班会课上实施（这是主课堂），也可以在晨会、午会、自修课等课上实施，具有机动性强的特点。

2. 微而有味：微班会的实施

实践中，我们总结出上好微班会的六个常用方法：

（1）观看视频，交流感受

微时代网上的视频资源相当丰富。班主任要善于从网上下载视频，下载时要选择清晰度高的视频材料，有时要做必要的剪辑，使时间更紧凑，话题更突出。上课使用视频时，应巧用暂停，提出问题，设置悬念，引发关注。同时应根据视频做必要的补充、拓展，使上课的内容更加丰富。

自拍视频，也是可行的方法。经验告诉我们，自拍视频时，应注意多拍特写镜头、近镜头，以增强效果。

（2）讲述故事，领悟道理

故事是岁月的沉淀，是智慧的结晶。班主任应成为故事大王，利用故事开展教育。讲故事，既要善于讲哲理故事，又要善于讲人生故事。名人故事、同学故事、我的故事，都应该娓娓道来。我还特别主张班主任多讲自己的成长故事。一是学生非常关注班主任的"私密"故事，可以增强影响力；二是也有助于班主任有意加强自身的修炼。

讲故事时还可以配图、配乐，分角色讲、接龙讲，故事新编、故事续写，方法多样，趣味无穷。

（3）开展活动，分享体验

活动是学生最喜闻乐见的。精心设计的活动，学生积极参与其中，必然有直接的体验，有深刻的感悟。微班会活动的特点应是简便易行，操作性强，使学生有所体验，引发思考。我开展的"十秒拍手""软吸管与硬土豆"等活动都得到学生的欢迎。

近年来，全国各地的研修活动较多。研修开阔了老师们的视野。一些好的活动，老师们也乐于学习、借鉴。但借鉴他人经验开展活动时，还要注意班级特点、年龄特点，不要简单地拿来就用。

（4）分享照片，开展对话

相比于视频，照片同样直观、形象，但操作更为方便。因此，上好微班会，班主任应善于用好照片。

照片首先来自网络。微时代网上的照片海量，班主任要做个有心人，发现好的照片，及时下载，或根据需要有意搜索。

照片还可以自拍。现在手机普及，"随手拍"非常方便。而且随手拍的照片时效性、针对性会更强。

（5）运用比喻，迁移智慧

生活中，人们喜欢用比喻，变抽象为具体，变繁复为简单。微班会上，因为时间短，如果善用比喻，就可以收到启迪智慧、打开思路的效果。

（6）进行对话，影响全班

对话是师生交流的重要方法。微班会，班主任要善于针对某一话题或历数往事，评点得失。或逐步演绎，晓以利害；或换位思考，将心比心；或热情寄语，激励前行。真诚地与学生交流，引导学生成长。

实践中，以上六种方法可以单独运用，也可以综合运用。

3. 微而有位：微班会的地位

（1）微班会是班级工作的轻骑兵

过去，我们设计和实施班会课，求立意深刻，求结构完整。如今，"短、快、小、灵"的微班会，让人们眼前一亮。今天许多班主任在设计班会课时，都将班级例会与微班会结合考虑，处理班级事务后举行专题的微班会；将普通主题班会与微班会结合考虑，月度主题班会设计中普通主题班会与微班会交替出现。

（2）微班会是系列教育的滴灌器

教育是个"慢活"，需要日积月累，需要潜移默化。教育很难毕其功于一役，但一次成功的教育活动可以让学生深受教育，难以忘怀。易于操作、形成系列的微班会更能细水长流，浸润滴灌，使教育持续而有效。

（3）微班会是校本课程的基本课

班会课属于地方和学校课程。许多班会课的选题还是学校布置的。学校德育强调计划性和实效性。凝聚着一线班主任智慧的优秀的微班会应该成为校本课程的基本课。伴随着实践的不断深入，越来越多的优质微班会将纳入校本课程，获得应有的地位。

4. 微而有为：微班会在深入研究中大有作为

微班会"短""小""快""灵"的特点有助于班主任提高班级工作的实效；有助于减轻班主任的工作负担；有助于班主任在做好工作的同时，提升自己，和学生一起成长，共同发展。

为了加强微班会的研究，我应邀在《德育报》（班会课专版）主持了"微班会探究"，《德育报》先后在头版刊载我的文章《微型主题班会的实践研究》《系列活动推动微班会的深入研究》，我还倡导用教育故事来生动展示微班会的精彩课堂，2017年"丁如许工作室成果展·微班会研究"、2018年"全国名班主任工作室微班会研究成果展"、2019年"全国一线老班微班会研究成果展"，每月微班会教育故事加点评的探讨形式，得到全国各地班主任的好评。许多学校、许多班主任将微班会列为研究的重要课题。

微班会也不是万能的。因为时间所限，有时话题不能展开，有时讨论不够深入。这都需要我们加强研究。其实，微班会与主题班会、与班级例会的有机结合，才能取得最佳的效果。同时微班会如何评价，怎样开展微班会的比赛，许多问题需要我们继续深入地研究。

第五辑

班级文化建设

真教育是心心相印的活动，唯独从心里发出来，才能打动心灵的深处。

——陶行知

教室布置创意新

教室是师生共同学习、生活的场所，学生在校学习，在教室的时间是最长的。在教室布置方面要博采众长，有所创新，形成班级的特色。

我把教室布置分为基本布置和特色布置两个方面来考虑。

1. 基本布置

（1）国旗。教室前面黑板正上方放置国旗。国旗最好置于铝合金框内。可建议学校统一制作，如不方便，建议班级用班费购买。比较精致的国旗镜框，既便于擦拭，保持清洁，又能增加庄重感。

（2）班训。班训反映了班级奋斗目标，提炼了班级精神。可选择正楷、隶体等端庄的字体，等间距张贴在前黑板上方。

（3）黑板报。教室后黑板为班级黑板报。黑板报应定期更换，应做到主题鲜明、图文并茂，以充分发挥宣传、教育的作用。

（4）班级张贴栏。教室后黑板右侧为张贴栏，张贴有关学校、年级、班级的公告、通知等。有关资料要排列有序，并及时更换。

（5）名言。励志进取的名言警句，可以是名人名言，也可以是学生或教师自拟的警句，以师生书法作品为佳，布置在教室墙上。

（6）奖状墙。采用"先上墙，再集册"的方法。先将奖状张贴在教室后黑板报的上方，从中间到两边对称张贴。奖状要贴得齐，方法是紧贴着黑板的上方贴。学期结束时将奖状取下来，结集成册。班主任要激励同学为班级赢得荣誉，形成奖状墙。

（7）生物角。选用喜阴耐旱的植物，如仙人掌、吊兰、文竹、宝石花、紫竹等；应安排专人养护，让教室里绿意浓浓，呈现勃勃生机。要注意的是，节日或假期时要安排负责管理的同学将花草带到家里或放到校园花圃里养护。

（8）保洁工具。应将所有保洁工具，如拖把、扫帚、水桶、抹布、畚箕等，整齐有序地摆放在教室前后门后。每次使用后及时整理，物归原位。

（9）班级书报架。班级应添置书架、报架。对班级书架上的藏书，可以"师生每人拿一点，学校书库借一点，班级经费买一点"。这样几年下来就可以有比较丰富的藏书。小学阶段，以增加知识、开阔视野为主；中学阶段，以人物传记和文学名著为主。强调人物传记是为了引导学生寻找"重要他人"，人物传记的选择应配合语文课的教学来确定，课文的作者、课文中相关人物是首选对象。书籍由班级书报管理员负责登记管理。班主任要经常指导班级开展读书活动。报纸要整理有序。班主任也要指导学生开展读报活动。

2. 特色布置

班主任还应根据班级、学生特点，增加体现班级特色的个性化布置。

（1）心愿树。心愿树由心形的小卡片组成，每张卡片上书写着学生的心愿，班级任课老师也写上自己的心愿。师生的心愿卡片相对而贴，构成"心心相印"的生动画面，意为在师生的共同努力下，"心心相印"的大树将结出丰硕的果实。

（2）生日祝福栏。当代学生更关注情感交流。温馨的生日祝福，会让生活中多一份亲情。我们可将同学的生日事先输入手机的记事提醒里，以便届时送上祝福。

（3）温馨提示。温馨提示的范围比较广，最常见的是作业提醒。

（4）学习用品备用角。班级备些笔芯、橡皮、尺子等小文具，供学生一时之需。

（5）书画作品。班级如有擅长书画的同学，可请他们为班级提供书画作品。如有条件，最好装裱入框。

班级的特色布置还可以有节电提示、"全家福"等。

特色布置要努力推陈出新，有所创造。比如教室名言，许多班级采用的都是摘录的名人名言。我认为既可以是名人名言，也可以是学生和教师自拟的警句。

著名教育家苏霍姆林斯基指出，"孩子在他周围——在学校走廊的墙壁上、在教室里、在活动室里，经常看到的一切，对于他精神面貌的形成具有重大的意义。这里的任何东西都不应当是随便安排的。孩子周围的环境应当对他有所诱导，有所启示。我们竭力要使孩子所看到的每幅画，读到的每句话，都能启发他去联系自己和同学。"苏霍姆林斯基的这番精辟论述强调了校舍环境对人的成长的重要意义。苏霍姆林斯基是这样说的，也是这样做的。在帕夫雷什中学的每一个教室、每一个活动室里，都有精心的布置，运用了大量的名人名言。现在，许多学校、许多班级都借鉴了苏霍姆林斯基的做法，人们形象地概括为"让每一面墙壁都会说话"。在此基础上，我对教室的名言布置做了改进。我主张教室的名言布置，可分三类：

一是名人名言。名人名言是名人的人生感悟。名人名言有光环效应。经过岁月的洗礼，他们的话闪耀着真理的光彩，他们的人生感悟，对学生有启发、激励、引导的教育作用。班主任要注意收集名人名言，可在每学期开学时以富有针对性的名人名言鼓舞学生、激励学生。

二是教师"名言"。教师在教育教学中也会有许多思考。班主任应组织班级任课教师共同参与班级教育管理。请任课教师写格言是一个好办法。任课教师的格言最好能结合学科教学写。任课教师如能结合学科特点撰写，学生一定会很感兴趣。这有利于增强教师威信，促进师生感情交流。下面就是一则我的同事写的"名言"。

> 虚心学习，博采众长，进行"化合反应"。
> 积极工作，勇挑重担，进行"分解反应"。
> 将心比心，理解万岁，进行"置换反应"。
> 优势互补，团队合作，进行"复分解反应"。
>
> ——李靖（上海市晋元高级中学）

三是学生"名言"。班主任应指导学生把他们的生活感受用精练的语言加以概括、总结。学生要写出"名言"，需要一个过程，班主任要指导他们先收集名言，然后品味名言，交流名言，再在实践的基础上练写"名言"。学生练写"名言"，是文字的推敲，也是思想的锤炼。

下面介绍几则我的学生原创的"名言"。

> 决心是成功的前提，恒心是成功的保证。
>
> ——金凯
>
> 立志、勤奋、创造，是筑成生命金字塔的三个基座。
>
> ——周洁
>
> 别人的宽慰是一时的，唯有自己的奋发，才会产生持久的动力。
>
> ——李霞

学生们的"名言"在教室里张贴出来后，他们都会非常地惊喜。惊喜之余，他们也会更努力地前行。这是学生进行自我教育的有效形式。

我主张第一学期贴名人名言，第二学期上半学期贴教师"名言"，第二学期下半学期贴学生"名言"。这样就可以有一个不断推进、不断深化的过程。

　　不过有人担心，学生的话挂到教室的墙上适宜吗？我感到，只要是学生经过深思熟虑的话，都是适宜的。有志不在年高。周恩来 14 岁发出的"为中华之崛起而读书"的宏愿，不已成为人们耳熟能详的名言吗？在实践中，我们班学生的"名言"上墙后，作者本人会严格地要求自己，其他同学也能从中得到启发，受到鼓舞。这样就达到了"让学校的每一面墙壁都会说话"的目的。

　　在工作中，有班主任反映，有时因临时要做考场，师生辛辛苦苦布置的教室环境，便会被"轻易去除"了。对此，我的对策是准备精美的画框，在教室做考场时将名言框取下，做过考场后再挂上即可。还有如果学校同意，将白纸覆盖有关的内容即可。

　　教室布置是教室的"脸面"。除了精心的布置外，一定要保持教室的清洁。"洁""雅""美"是教室布置的基本要求。

　　教室布置是美化育人环境、营造班级文化的重要方法，是实施素质教育的重要渠道。教室里的每一个细节都应该有一个动人的故事；教室里的每一处布置都应该是师生智慧展现的平台。

出好黑板报

许多班主任都很重视班级的黑板报，但怎样出好黑板报，还是件烦心的事。因为内容单调，不少学生不屑看黑板报，出黑板报的同学又抱怨出黑板报的时间太长、找不到稿件，等等。

我想，要出好黑板报，首先要明白黑板报的作用。

1. 宣传园地。黑板报要配合班级工作，起到表扬先进、批评鼓励落后、推进工作的作用。

2. 写作园地。黑板报应是学生发表习作的第一园地。

3. 教育园地。黑板报要根据学校的工作布置，进行必要的专题宣传。

黑板报应做到主题鲜明、内容丰富、形式多样、更新及时。

在思考、明确黑板报的定位后，班主任应指导班级成立黑板报编辑部。黑板报编辑部可以在全班范围内"招募贤士"，也可以以小组为单位来组织。这两种方法各有所长，既可以根据班情选用，也可以两种方法并存。每月一次的黑板报评比可以由班级黑板报编辑部负责，其间两周一次的更新可以由各小组轮流出。这样安排既可以减轻黑板报编辑部的工作量，又有利于调动各小组的积极性。当然，总的负责人是班级的宣传委员。

组建了黑板报出报的队伍后，班主任还应作指导。一般说来，出黑板报要注意五点。

1. 报头

报头要有报名、主办者、期次、出版日期。报名要响亮，要有班级特色，能反映班级的追求。像"扬帆""青春""芳草地""希望""共青圃""五色石""我们四十八"等，都可以考虑。作为班级的黑板报，报名不能常换，要相对稳定，至少在一个学期不随便更换。主办者应是班委会（黑板报编辑部出时）或某小组（各小组轮流出时），以增强光荣感、责任感。报头的位置一般在黑板报的左上方或正中。

2. 栏目

栏目是内容的反映。根据黑板报要发挥的作用，可设置以下栏目：①班级动态。报道班级大事，表扬班级好人好事，介绍"每周一星"等。②文学作品。刊登学生诗词等作品。③专题宣传。配合专题教育进行。除设相对固定的栏目外，还要鼓励学生根据班级实际和工作需要，开设新的栏目。像"班级快讯""学习一得""光荣榜""师生之间""班主任寄语"等，都是好栏目。

3. 稿件

每期稿件应有鲜明、正确的主题。要围绕主题组织稿件。稿件应以自撰为主。我把大段的摘抄戏称为"报刊文摘"，全部或大段的"报刊文摘"，没有新鲜感，对学生缺乏吸引力。班主任应组织学生积极投稿，可将投稿量、用稿量作为优秀小组评比的条件之一，并及时表扬积极投稿的同学。

4. 版面

版面设计应遵循"方块为主，适当拐弯；图文并茂，图文相配；不留弄堂，参差有序；花边框线，运用自如"的原则。所谓"方块为主，适当拐弯"，是指排版时方形、长方形、手枪形都可以；所谓"图文并茂，图文相配"，是指文章要有插图，而且图与文要相关相配；所谓"不留弄堂，参差有序"，是指版面要紧凑，不要有过大的空间；所谓"花边框线，运用自如"，是指文章要有间隔，版面布局要美观。将这些要求告诉学生并及时指导，学生就能较好地把握。

5. 出报时间

出黑板报，既要有质量要求，又要有时间要求，应要求学生在一个小时内完成出黑板报的任务。这就要求在出报时，学生要分工合理、讲究效率、讲究质量、讲究合作。

要出好黑板报，班主任还要指导班级宣传委员收集两个本子。

（1）黑板报小样本

每次出黑板报前的准备很重要。根据每期的主题和栏目，编辑部进行组稿。稿子收齐后，进行版面设计，画成小样。小样画好了，便是很好的资料。如能拍照片做成电子文档，也可以。不过小样本可能更方便些，它更便于收藏，便于比较。

（2）图案资料本

收集报刊上的图案资料，进行模仿、借鉴和改进。有老师主张买一本现成的，但我认为让学生学习收集报刊上的图案资料，既省钱，又可提高能力，可谓"'轻易买来'终觉浅，绝知此事要躬行"。

"精神接力"的班级日记

在班级管理中，开展写班级日记，对创建优秀的班集体具有显著的效果和重要的意义。在我的班主任工作档案中，以所带班的届别分类，按年存放着许多资料。其中，我最喜欢的便是那一本本班级日记。

班级日记，许多学生亲切地称之为"青春相册""成长记录簿"。

通过多年的实践，我形成了下面的操作方法：

班级日记选用精美的日记本。让每位学生拿到日记本时就能心生喜欢，"这是我们的日记本，我要郑重地记录班级的历史"。

日记本的扉页上请班级中书法好的同学写下集名或题记。

日记由学生按值日生顺序轮流写。但班主任应是班级日记的"第一执笔人"，班主任要满怀激情地写下第一篇日记。

在日记的格式上，我主张有三个板块。第一个板块是摘抄格言。班主任要引导学生做到"脑中要有格言录，胸中要有英雄谱"，通过经常与高尚的人"交谈"，陶冶自己的心灵。我原先提倡摘抄针对性格言，但在实践中发现，时间一长会造成雷同；后来便不再强调针对性，只是要求每日摘抄一则格言，尽量不重复。

第二个板块是文章的主体。我要求学生做到"四结合，四为主"，即记具体情况与记思想认识相结合，以记具体情况为主；记当天与记以往相结合，以记当天为主；记重大事件与普通事件相结合，以记重大事件为主；记集体与记个人相结合，以记集体为主。这样具体的指导，使学生懂得了如何选择题材，也可以使文章内容丰富，有血有肉。

第三个板块则是对前一位同学日记抄写情况的评价。班级日记写好后，我要求学生次日及时抄写到教室后墙黑板上的"班级日记"专栏里，并对前一位同学的抄写情况作出评价。评价内容包括记录是否及时，抄写是否工整。如果日记过长，抄写时可适当压缩。有老师担心日记会不会过短，我的回答是全班同学两个月才轮到一次，一般不会过短。

真正的教育是自我教育。我感到，班级日记就是学生开展自我教育并可以制度化的一种好形式。这样做，可以使同学们养成注意观察班级动态、记录成长脚印的好习惯，同时对班上存在的问题也能及时提出意见，还可以使老师及时了解到班级动态和同学心声。

班级日记抄写到教室后黑板上，避免了日记只是"小范围"的传阅；师生走进教室，看到教室后黑板上的班级日记，可以及时地了解情况，并加以评点，这就发挥了宣传、导向作用。班级日记第三个板块的简要评价，也能起到让学生进行自我教育、互相督促的效果。

班主任逐日写批语、谈看法、提建议、作交流，也为师生之间打开了畅通的交流渠道。我曾经感叹道，这是用红蓝色的笔迹交织成班级的成长史。实践中，随着班级日记一页页的延续，我的批语也越来越简洁，甚至有时也不需作评点，因为我欣喜地看到同学们已学会自我教育了。

在实践中，许多老师提出了新的问题和建议。有老师问如果班级基础较差，写不好怎么办，我主张可先让班干部带头写，然后按值日生顺序轮流写。因为班干部相对来说能力比较强，"良好的开始意味着成功了一半"，全班同学难得轮上记一次班级日记，都会认真完成的。

有老师问班级日记与班级日志有什么区别，我是这样区别的：①班级日记由全班同学轮流写，班级日志则是由班级干部轮流写；②班级日记文体不限，以记叙文为主；班级日志是简要的记事，文体单一；③班级日记可多角度地反映班级生活，班级日志主要记存在的问题。

又有老师问，学生能不能对日记发表不同观点，我认为学生完全可以发表不同意见，实践中有同学戏称为"留言板"。还有老师问，家长能不能对日记发表意见，我认为我们不要求家长参加评点，但日记在学生传递的过程中，家长看了有感而发时完全可以发表意见。

还有许多老师希望了解这样的活动如何坚持下去，如何进一步提高，我指出班级日记不是班干部写的班级一天生活记录，而是全体同学参加记录的班级成长史。要进一步做好这一工作，我建议：班主任要经常批阅，及时加以指导；可以开展最佳班级日记评选活动，一个阶段或一个学期要评出最佳日记；及时的表扬、鼓励很重要，优秀日记要推荐到校刊、报刊上发表；在编写班级纪念册时要多选用班级日记。

魏书生老师曾将他班上开展的记录班级日记活动称为"道德长跑"，我将我班上开展的记录班级日记活动称为"精神接力"，正是在全班学生的轮流接力下，我们高举火炬，向着共同的目标奋力前进！

班级要有奖惩制度

"没有规矩，不成方圆"，必要的班级规章制度是对学校规章制度的补充和完善。班级规章制度的建立，还有一个重要的特点，即它是师生针对班级具体情况共同提出的，更有针对性。

在班级规章制度中，我认为最值得倡导的是班级奖惩制度。

首先要建立的是班级奖励制度。班级奖励制度可分为授予荣誉称号和给予物质奖励。

有一年，我新接了一个初三班。由于多种原因，这个班班风不正，学习成绩也差，成了全校闻名的后进班。

如何改变后进班面貌，调动全班同学的积极性？我从当时热门的"全国体育十佳人物评选"中得到启发，在班级开展了"小十佳"评选活动。

开展"小十佳"评选活动时，我感到评选先进不能着眼于少数"尖子"，要着眼于全班，以培养更多的"尖子"；评选先进也不能只着眼于学习，要着眼于各个方面，以鼓励学生全面发展。因此，应该从思想道德、班级工作、文化学习、体育锻炼等多方面树立典型。基于这样的认识，我认真推敲了班级"小十佳"的提法，确定为"班级工作最出色的同学""学习成绩最优秀的同学""赶超先进最突出的同学""遵守纪律最自觉的同学""改正错误最坚决的同学""勤学好问最主动的同学""尊敬老师最真诚的同学""体育锻炼最积极的同学""作业书写最认真的同学"和"日常相处最友爱的同学"。

这些称号提法新颖，并结合了我班学生的实际情况，引起了同学们浓厚的兴趣。我还对"小十佳"称号的含义作了阐述。如"班级工作最出色"这一提法，我告诉同学们，我们也可以提"最负责"或"最认真"，但我们确定为"最出色"，意在强调成果。一个干部不仅要有负责的精神、认真的态度，还应该有出色的工作成绩，提"最出色"就把工作态度与成绩的考核结合在一起，并突出了考查实际成绩。又如"尊敬老师最真诚的同学"这一提法的确定，是要求同学们不仅要有尊敬老师的"言"，而且要有尊敬老师的"行"；不仅要信任老师，而且要能帮助老师改正教育教学工作中的不足之处。

为了切实达到评选"班级小十佳"的目的，更好地调动学生的积极性，推动班级工作的开展，我们在每次评选时都是先由小组提名，然后再由班委会根据各组评选的意见，结合平时的各项书面资料进行考评。

"班级小十佳"评选揭晓后，班委会及时组织各组同学介绍本组当选人的先进事迹，或在"班级小十佳"表彰会上介绍，或在班级黑板报上刊载，以增强"班级小十佳"的光荣感，推动全班形成争创"班级小十佳"的热潮。

"班级小十佳"的评选活动，调动了全班同学的积极性，促使同学们全面地比、努力地学、积极地赶、奋力地超，较快改变了班级的落后面貌。学期结束时该班被评为校"文明班级"，在校、市组织的各项活动中取得了出色的成绩。

荣誉称号的设立蕴涵了老师的智慧。随着时代的发展，我感到过去的提法不够简练，于是我们进一步开展"群星璀璨的班级之星"评比活动。设"学习之星""科技之星""进步之星""服务之星""体育之星""文娱之星""孝敬之星""礼仪之星""纪律之星""自强之星"等荣誉称号。这些称号响亮、简练，受到了学生的热烈欢迎，每次的班级颁奖仪式都会成为班级的盛会。

在实践中，我们认识到一学期才能总结表彰学生一次不够及时，因此便开展"每周一星"的评比活动。每周表彰一位表现最出色的同学，这种做法有积极作用，一般在持续开展 6 周后，可暂告一段落。我们需要以新的形式来调动学生的兴奋点、积极性。

在班级工作中，给予学生必要的物质奖励也可以收到较好的效果。物质奖励的形式是多样的，比如书、小纪念品等，都是很好的奖品。小小的旅游纪念品不但价廉物美，加上班主任把它从千里之外带回来，其中便融入了教师的深情，已大大"增值"。

班级奖品的经费，可通过以下渠道筹措。

1. 学生交纳。每学期师生都交一定的班费。"收之于生，用之于生"，每学期结束时公布使用情况。生活困难的学生免收。

2. 变废为宝。通过收集废品、变卖废品筹经费。虽然筹的经费有限，但这本身对学生就是极好的教育。

3. 开展勤工俭学活动。

4. 有不少学校开展校级活动时，会对先进班级予以奖励，颁发奖金。

必要的惩罚也是需要的，但惩罚的量一定要把握好。惩罚制度不能只是班主任个人意愿的体现，应由班级全体学生会议讨论通过，使之成为全体同学的决议，这样具有较强的约束力。让同学们从小遵守"游戏规则"，增强规则意识，会加快学生社会化的成长进程。

增强规则意识

教育部《中小学班主任工作规定》颁布后，关于班主任是否有批评权的话题，曾引起社会的热议。文件中有一个重要的表述，却被人们忽视了，那就是《中小学班主任工作规定》的第九条指出，班主任要"认真做好班级的日常管理工作，维护班级良好秩序，培养学生的规则意识、责任意识和集体荣誉感，营造民主和谐、团结互助、健康向上的集体氛围"。其中强调要"培养学生的规则意识"，真的很有必要。

培养规则意识，有些班主任可能比较多地想到应怎样对学生提要求，而忽略了对自身的要求。比如，在我们的实际生活中，班主任常常是以言定规，以权代法，以一个人的意愿代表集体的决定。在我的班主任工作经历中，就有这样一件难忘的事。

那是某年国际儿童节前，根据少先队大队的布置，每个少先队中队要产生 5 个优秀少先队队员报学校表彰。

我想，最好的办法是民主选举。于是在班会课上，我们举行投票选举，每个学生投票。

很快投票结束。随后即进行了公开唱票，结果很快统计出来了。小蓬、小荔、小阳、小哲四人领先，还有两位同学并列。

中队长问我票数相同怎么办，我想了想说："票数相同，我来投一票吧。"

这时一位学生举手问："丁老师，你为什么要投一票呢？"

我想我是教师嘛，于是我说："我是老师，我投一票。"

"那要不要请其他老师来投票。"这位同学紧追着问。

我有些吃惊，但很快镇静下来，说："我是中队辅导员，作为少先队的活动，其他老师可以不参加。"

这时，五只手臂高高举起。

"你们今天怎么啦?"我感到奇怪。

"丁老师，你应该和我们一起投票。你不能在选举结果出来后投下这决定性的一票。"小淳同学大声说。

我非常惊讶，我为学生具有这样强烈的民主意识、规则意识而惊讶。我立刻感到脸上火辣辣的，心里不是滋味，可学生说得在理。

我仔细想了想，感到学生们给我上了很好的一课，重新投票已没有必要。于是，我向少先大队作了汇报。大队辅导员通情达理，她说你们班平时表现就很好，这次就破例让你们增加一个名额，表扬6个优秀少先队员。

推选结束了，我还陷在沉思中。我感到班主任的民主意识、平等意识、规则意识必须切实加强。长期以来，有些班主任把自己看成是班级（队）的一员，但这是特殊的一员，而不是普通的一员。班主任可以特别地行使权利。比如，我上面提到的最后一票就是特殊的一票，既会影响到"被淘汰"的学生，也会对其他学生造成不良影响——他们会认为班主任对班级拥有"绝对"的权力。长期以来，我们对这样的做法却是习以为常了。

随着社会的发展，人们越来越期待民主，也越来越期待法治。我们的国家也要建设成法治型国家。学校应该更多地关注学生的规则意识。规则意识需要从小培养。班主任应在每件小事上都体现规则意识，以此增强学生的规则意识。

为了增强规则意识，班主任要和全班同学一起建章立制。班级规章制度的建立，应通过班级全体学生会议讨论后确定。

为了增强规则意识，班主任要和全班学生一起遵守全班共同制定的规章制度。我还建议班主任动员任课老师一起遵守班级的规章制度。

为了增强规则意识，班主任要在班级管理中倡导民主作风，并以身作则。遇事时要与学生多交流、多沟通。

为了增强规则意识，班主任要指导学生形成强烈的内省意识。不仅在学校要遵守各种规章制度，在校外、在社区、在社会也要遵守各种规章制度。

"按规则办事"应成为师生的生活准则。

帮助学生寻找 "重要他人"

　　为了使学生有美好的人生理想，有坚定的事业追求，有良好的道德品质，许多班主任的经验是帮助学生寻找生活中的 "重要他人"。

　　"重要他人"，是对个体的自我发展（尤其是在儿童时期）有重要影响的个人和群体，即对个人的智力、语言及思维方式的发展和对个人的行为习惯、生活方式及价值观的形成有重要影响的父母、教师、受崇拜的人物及同辈群体。研究发现，在人的不同发展阶段，影响他的 "重要他人" 是不同的。比如，在儿童期，"重要他人" 是母亲、父亲及家庭成员；到了学龄阶段，则常常是同伴及老师；到了中学阶段，则更多的是感动他的榜样人物、偶像人物（因逐步形成价值观的不同，对榜样人物、偶像人物的认同是不一样。有的甚至是负面的形象）因此，我们要帮助学生寻找生活中的 "重要他人"。

　　寻找 "重要他人"，首先是寻找榜样人物。在学生成长阶段，榜样人物十分重要。在过去，我们给学生介绍的榜样人物大多是革命前辈、战斗英雄、劳动模范，他们以高尚的心灵、英雄的举动、出色的业绩深深地激励着学生的心，使学生产生强烈的向往之情。随着时代的发展，我们应更多地关注学生崇拜的体育明星、影视明星、财经人物和政坛人物。

　　在改革开放的初期，影视明星成了许多青少年学生崇拜的对象，以致出现了 "追星族" ——青少年学生以近乎疯狂的热情追捧明星，出现了在机场等处追逐影视明星而对著名科学家不屑一顾的现象。这是价值多元的社会现象的反映。影视明星可以崇拜、可以模仿、可以赞颂；但作为学校，作为班主任，应该指导学生根据自己的个性，寻找心中的偶像，同时更应该根据国家的利益和社会发展的需要，用社会主义核心价值观指导学生寻找"重要他人"。像英雄人物、著名科学家、劳动模范等都是我们时代的旗帜，应该在学生的心中长久地占有一席之地。

在寻找"重要他人"时，班主任要善于挖掘各种资源，尤其是身边的资源。有不少老师埋怨身边的资源不够，我认为关键在于缺少发现。我做了归纳，可以挖掘的资源有很多。

1. 校名资源

许多学校的校名就富有深意。比如，晋元高级中学为纪念抗日英雄谢晋元而命名，继光中学为纪念战斗英雄黄继光而命名。他们的英雄事迹值得我们好好学习。

2. 革命前辈资源

在许多地方、许多学校，都有关心下一代工作委员会（小组），有许多关心下一代成长的"老革命"。在泰州时我和新四军老战士肖克围的交往，在上海时我和新四军老战士阎道彰、石刚的交往，都深深地印在我的脑海里。我们应将"老革命"请进校园，请进班级。现在不少老革命年事已高，行动不便，因此进行抢救性采访，非常重要。

3. 杰出校友资源

每个学校都有自己的历史，校史上都有可引以为豪的杰出校友。发挥他们的作用，对校园文化建设也有重要作用。

4. 时代楷模资源

每个时代都有英雄模范，如道德模范、劳动模范、先进工作者、"三八"红旗手、青年岗位标兵等。我们应特别推崇年轻的英雄模范。

5. 优秀学子资源

毕业的学生、在校的学生，他们中都有许多优秀人物。

6. 教职员工资源

学校的每位教职员工都是德育工作者。班主任应多注意观察，引导学生学习他们的优秀品质，邀请他们协助班级开展教育活动。

7. 家长资源

家长中有许多优秀人物。在家访和日常交谈中，班主任要成为有心人。

8. 社区资源

社区主要是指学生家庭所在社区和学校所在社区。特别是学校所在社区，因为平时有工作联系，情况比较了解，我们要加深同社区的联系。

9. 书本资源

要指导学生多读书，读好书。阅读能潜移默化地对学生的心灵产生震撼。

10. 社会资源

每年中央电视台的"感动中国"人物评选、新浪网的"感动中国的小人物评选"等都是好资源。

对上述这些资源，班主任要善于做整合工作。有条件时，还可以组建班级讲师团。这些宝贵的资源还可以做到年级组"共享"，年级组的同事应互通声气，加强交流。

寻找"重要他人"，还应寻找朋友。朋友应是志同道合、志趣相投者，但中小学生常常以讲义气为标准而结成小团体。过去，我也曾消极地动员学生要"孤立"班上捣蛋的小团体，但结果不理想，他们或是抱得更紧，或是到外班、外校寻找新的伙伴。因此，班主任要着力建设班集体，良好的班风、良好的集体舆论氛围对学生成长极为重要。

朋友和环境对成长的重要性，古人有过许多论述和故事，像"近朱者赤，近墨者黑"，像"孟母三迁"等。但朋友关系的形成或重构，绝不是班主任三言两语就能"搞定"的，班主任应多指导学生开展丰富多彩的班级活动，让学生在活动中体验，在活动中寻找"重要他人"；或多进行语重心长的谈话，让学生有所觉悟。

交朋友不必局限于班级，可以是本班的，可以是兄弟班的，也可以是外校的；可以是学生，也可以是其他行业的人；可以是同学、同龄人，也可以是"忘年交"。这类"重要他人"有时不像榜样人物那样光彩照人，但贴近生活，接地气，对学生的成长同样有重要作用。

　　学生更重要的身边的"重要他人"，其实就是我们班主任自己。班主任并不是天生就能成为学生的"重要他人"的，班主任要以自己满腔的热爱关心学生；要以自己出色的工作成绩影响学生；要以自己坚定的事业追求感动学生。"身教胜于言教""其身正，不令而行"，学生与班主任朝夕相处，耳濡目染，"长大后，我就成了你"。

将任课教师凝聚成集体

在建班育人的工作中，班主任要注重班级文化建设。班级文化建设有着丰富的内容，也有着许多不同的提法。我认为班级文化就是班级共同的精神、价值观和行为准则的总和。班级文化建设就是对班级文化的设计、营造和创新。在班级文化建设上，班主任不能单打独斗，一定要发挥集体的力量。班主任要着力打造三个集体，即班集体、班级家长集体和班级任课教师集体。

现在有些学校提出班级组的管理模式，我很赞同，班级组的提法是从行政管理层面为班主任打造班级教师集体提供了有力的支撑。班主任是班级组的组长，是班级组的"头"，班级任课教师都是班级组的成员。但行政的规定还代替不了具体的工作，在实践中，有不少老师认为，建班育人是班主任的事，不愿管；现在学生也难教，不会管；加上少数学生、学生家长蛮横，不敢管。于是任课教师在建班育人中的作用，往往被削弱。发挥任课老师在建班育人方面的作用，不仅可以密切同事关系、师生关系，而且可以通过任课教师，影响学生、带动学生，增强师生互动，形成教育合力，达成班级建设目标，形成文化认同，促进班集体建设。

为此，班主任一定要做到积极主动、真心实意地与任课教师商量班级事宜，通过共同的努力，引领班级发展。

1. 经常会商研究，把握一手信息

班主任应经常与任课教师分析研究班级情况。研究的形式如下：

（1）定期会议

每月固定时间召开有关会议，研究班级倾向性问题或对特殊学生进行"会诊"。在定期开会时，班主任应事先通知。应选好时间，使任课老师有时间出席。如个别任课教师有事不能出席时，班主任可请有关老师填写班级情况交流表。在会后应将会议形成的决议告知缺席的教师，并征求他的意见。定期会议有备而来，效果是相当好的。

（2）书面交流

在实际工作中，老师们都相当忙，我认为还可通过书面方式征询班级情况。书面征询时既要了解存在的问题，也要了解学生的优点。任课教师的观察点比较多，也更真实。大家的书面意见，汇集起来有助于班主任思考、分析。今天通过微信群进行交流也是有效的方法。但书面交流（微信交流）和会议交流相比缺少思维火花碰撞的灵感。因此两种形式应互为补充。

（3）个别交谈

班主任还可以私下与主要学科和薄弱学科的任课老师多沟通，特别是薄弱学科，一定要与任课教师多交流。在与教师交流的同时，也要注意听取学生的意见。

2. 支持任课老师，营造良好氛围

在接手新班的第一次见面课上，班主任既要做好自我介绍，也要对本班的任课老师进行介绍，"隆重"地推出。介绍时语言要幽默，举例要生动。比如，可介绍每位老师的特点、喜好、上课风格甚至往届学生给他起的善意的绰号等，让学生在笑声中对老师产生亲切感，期待与老师的会面。在紧接着的教师节活动时，班主任要指导学生为任课老师献上一束鲜花，并根据任课老师的特点，"暗示"学生邀请任课老师表演节目，以建立良好的师生关系。

支持任课教师，不等于袒护任课教师。任课教师在工作中如有差错，班主任应善意地提醒，并与任课教师一起回应。比如，新教师可能对教材教法不熟悉，老教师可能与学生的沟通有障碍等，对这些情况班主任都应热情相助，做好工作。

3. 加强师生沟通，起到桥梁作用

在班级中，由于班主任特定的工作角色，班主任的话更容易为学生接受，为学生尊重。任课老师在与学生的沟通中可能会出现一些问题，比如在刚接班的师生磨合期，班主任要格外加强与课任教师的联系，因为这时师生容易发生冲突。学生也许会不适应某位老师的教学风格，而老师也许会认为某些学生的作业习惯不好，这时班主任要积极发挥桥梁作用。指导学生尽快适应老师的教学风格，同时也可组织学生把自己在学科学习中遇到的问题拟出，交给任课老师作教学参考。班主任的真诚付出，不仅会得到学生的信赖，而且会得到任课教师的支持，调动起任课教师参与班级工作的热情。

4. 形成"四爱"共识，关注全体学生

在工作中，班主任还应根据班级情况，建立任课老师与特殊学生的联系制度，关注全体学生发展，把工作落到实处，形成"四爱"共识。

（1）疼爱生活困难生

对生活有困难的学生，除为他们申请学校的补助外，班主任和任课教师可商量在力所能及的范围内给予不同形式的补助，比如送学习参考资料、减免有关费用等。这种补助应悄悄进行。学生是懂得感恩的，效果也会是明显的。当然更重要的是要给予精神上的鼓励，鼓励学生正视生活上的困难，鼓励学生"天降大任于斯人也，必先苦其心志，空乏其身"。

（2）偏爱学习困难生

组织任课老师分别担任班上学习困难生的导师，进行一对一帮助，一帮一辅导。

（3）博爱表现中等生

中等生在班上容易被忽略。班主任对中等生应给予更多关注的目光，组织任课老师分别与中等生建立联系。努力做到多一点问候、多一点沟通、多一点鼓励、多一点关爱。

（4）严爱资质优秀生

资优生因为成绩好，往往会得到任课老师的偏爱。对此，班主任和任课老师应统一认识。对资优生应严格要求，同时也应给他们更多的发展空间，提出更高的发展目标，如鼓励他们积极参加各类竞赛培训，鼓励他们帮助学困生等。这些都需要任课教师给予更多的帮助与提醒。

5. 学习同事长处，开展共同行动

每位老师都有自己的长处，班主任要注意观察，并提议将一些好的做法变成本班任课老师的共同行动。如有老师喜欢送些小礼物给考试中成绩进步大的学生，以资鼓励，这可以发展为本班任课老师共同签名奖励的做法。如有些教师喜欢写诗夸学生，可邀请他写写诗，在班级活动时，由全体任课教师一起朗诵。

只要班主任与任课教师加强沟通交流，形成工作共识并全力落实，一定能达成建设优秀教师集体的美好愿景。

关心学生的课余生活

有些班主任看到这一标题后，可能有点不以为然。他们会说，现在我们工作太忙了，还要关心学生的课余生活，有点小题大做了。但我认为班主任工作就要善于从小事做起，小中见大，小中见我们的思考。

我首先想谈的是课间休息。现在下课铃响了以后，不少同学仍"争分夺秒"埋头于作业中，我为此感到痛心。现在我们学生的身体素质是"外强中干"，"长豆芽""小胖墩""四眼猫"越来越多。

我主张要开展"欢快的十分钟"课间生活指导。我是这样做的。

先从生理学、心理学、教育学的角度，向学生介绍课间十分钟活动的作用和意义，帮助学生从思想上提高对课间十分钟活动的认识。然后，我对课间十分钟的活动做了具体指导：①远眺，提倡每个学生课间都应远眺三分钟以上。②散步，到花圃旁、到绿化区去赏花识草。③小运动量活动，如摸高、踢毽子、跳绳、拉单杠等，但要注意适量，不能影响下节课的学习。④唱歌。这样的课间十分钟活动以预防近视、活动休息为主，与体育锻炼、生物学习、文娱活动有机地结合起来。为便于学生记忆，我把它归纳为"看看、走走、动动、唱唱"八字诀。

为了保证能在课间十分钟开展有效的活动，我把检查课间十分钟活动作为值日生的一项工作内容。每次课间十分钟，值日生都要检查活动情况，将课间情况列入值日记录。作为班主任，我也经常配合值日生在课间进行检查、督促。

欢快的课间十分钟活动，不仅需要学生的努力，也需要教师的配合。

课间休息的时间应是"十分钟"，而不是"八分钟""五分钟"，甚至"三分钟"。准时下课，才能保证"欢快"。因此，作为任课教师，我从不拖课，铃响下课，不和学生"争"时间，并和其他教师经常保持联系，以取得一致的看法和做法。

个别学科作业量过大，引起学生课间"抢"时间做作业，我则委托学习委员、课代表与任课教师"协调"作业量。

为了丰富课间十分钟活动，我还开展了"欢快的课间十分钟"班级活动。让学生们以小组为单位，设计课间十分钟的活动，让学生体验；以班会课的课间十分钟来引导平时的课间十分钟。

经过一段时间的努力，班级的课间十分钟发生了显著的变化。下课铃响后，同学们"看看、走走、动动、唱唱"，教室内外一派生龙活虎的景象。

陶行知认为适当的休息，是健身的主要秘诀之一，万万不可忽略；过分的用功，过分的紧张学习，也对一个人身体的健康有妨碍。妨碍着脑力的恢复，妨碍着体力的调整。合理、妥善、积极地指导学生度过课间十分钟，是我们应认真思考和行动的。

我还想建议的是"找点时间，找点空闲，带着学生，到郊外看看"。我个人喜欢旅游，走进大自然，我感到神清气爽，生命倍添活力。

工作中我喜欢带学生一起去郊外旅游。一个周日的早晨，我和学生们一起骑自行车远足。这次远足的地点是苏陈中学。为了保证活动的成功，事先我已去了苏陈中学和中途休息地泰东初中"踩点"。

车队出发了。不多时，便出了泰州城，进入了姜堰市地界。眼前没有了耸立的高楼、穿梭的车流，映入眼帘的是广阔的田野。久居城里的孩子来到郊野，议论纷纷。有的说大地正演奏着乡村交响曲，有的说眼前是一幅美丽的大画卷。

在中途休息地泰东初中稍加休整后，同学们检查了车辆，"慰劳"了肚子，继续出发。

到苏陈镇时，正值早市，道路两旁摆着各种各样的农副产品。穿过集市，到了苏陈中学。这时，先前派出的学生已在校门口微笑招手了。同学们下车后，班长介绍了下一步活动的安排，要求同学们进行"别出心裁"的自由活动。

这是个好主意。因为是自由活动，它给了学生充分的自由，又因为要求别出心裁，使得人人开动脑筋，以开展创造性活动。

一小时后，学生们又聚集在教室内，交流自由活动的见闻和感受。

一组组长小逊介绍了他和同学们考察苏陈中学校容校貌的情况。他感到校舍比较宽敞，但设备还很简陋，不少课桌木板都是拼接的。同组的小淳也插话说，他发现同学课桌里有小油灯，有蜡烛头，原来是学校停电时学习用的。

三组组长小勤则介绍了苏陈镇上的见闻。小镇上店铺多，且大多是私人开的；店铺里货物琳琅满目。不过，她指出电影院是不能去的，那里放的片子"儿童不宜"。她认为电影院只顾经济效益，不讲社会效益，有关部门应该好好管一管。她的看法得到了大家的赞同。

班上的画家们则展示了他们的成果。有画田野秋景的，有画农贸市场的，有画恬静农舍的。这样的写生在城里是没有机会的。

在苏陈中学，大家还品尝了镇上作坊里生产的麻饼。麻饼不太爽口，但别有风味。

上午十点三十分，我们决定返城。虽然同学们还年轻，可来回36里路也够他们受的，但在归来的路上却依然是一路欢声笑语。大家说，虽然有点累，收获却不少。

在我的班主任实践中，我多次骑自行车和学生一起郊游，许多地方都留下了我们的足迹，每次都有很多的收获。苏霍姆林斯基认为，跟孩子们进行经常的、生动活泼的直接交往，这是思想的源泉，是教育开发的源泉，是产生喜悦、忧虑和失望的源头。与学生一起郊游，便是和孩子们"进行经常的、生动活泼的直接交往"，是"零距离"的接触。

郊游的路上，我们可以感受大自然的美；可以进行体力和意志的锻炼；可以观察社会生活的多画面（"丑"的画面更需要辨析）；可以开展创造性的活动。同学们发现的小油灯和蜡烛头都是生动形象的教育，而小画家们的写生，又是郊游活动的延伸。自行车郊游活动，还可以培养师生之间高尚而亲密的情感。有一次我班骑自行车去郊游，归途中小燕同学的自行车坏了，我帮她修好了，她一直记着此事，多次在作文中提到，向我表示深深的感激。

对于组织学生进行郊游活动，有班主任认为时间难以安排，我认为可安排在期中考试后的那个周日。这时师生可以通过活动调整身心。有班主任认为安全难以保证，我认为只要心细一点，做好预案，是没有问题的。我到上海后虽然不再做班主任了，但作为"大班主任"的德育主任，我每年"五一"期间都带领学生一起开展"光荣的新四军"红色之旅考察活动。我们行走于大江南北，次次都获得了成功。

"找点时间，找点空闲，带着学生，到郊外看看"。这样的活动有乐趣，有收获，应该成为我们的"必修课"，而关注学生课余生活的班主任也必然是学生欢迎的班主任。

第六辑

班级教学

凡为教，目的在达到不需要教。

——叶圣陶

切实抓好文化学习

文化学习是学生的重要任务。抓好学生的文化学习，是班主任的重要工作，许多班主任都有各自的高招。我认为关键是要形成优良的学风，要形成优良的学风，关键有五要素。

1. 形成良好的学习习惯

班主任首先要训练学生形成良好的学习习惯。著名思想家培根说，习惯真是一种顽强而巨大的力量，它可以主宰人的一生。国内外大量研究表明，对绝大多数学生来说，学习的好坏，20%与智力因素相关，80%与非智力因素相关。所以，要抓好文化学习必须从训练学生良好的学习习惯入手，如准时交作业的习惯、课堂认真听讲的习惯、考试认真检查的习惯等。为了培养学生良好的学习习惯，班主任要投入精力，不厌其烦，多检查、多督促、多联系家长。

其次要依靠班干部，要形成科学的班级管理网络。做到不交作业有人问，考试作弊有人查。在这些问题上，班主任一定要旗帜鲜明，敢管善管。有经验的班主任都知道，学生成绩的提高，"三分教七分管"。"火大无湿柴"，在严格的班级管理和良好的集体舆论面前，全班会形成良好的学习习惯。

2. 树立学习的榜样

班级一定要有"领头羊"。我不赞成搞各种名目的实验班。这样的班级多了，对其他班级是伤害。因为每个班级需要自然组合，需要领头羊。现在教育部和省市教育行政部门都作出了明确的规定，希望学校层面能有力地执行。

普通班领头羊可能较少。班主任应与任课教师多交流，发现学习尖子，培养、调动学生的学习积极性。我的体会是与任课教师多交流，有意的关注会"催生"学习尖子。

如果班级能形成学习的"第一梯队"，对带动全班同学的学习就会有帮助。"榜样的力量是无穷的"，而身边榜样的作用更是神奇的。班主任应组织"第一梯队"的学生在全班和家长会上作学习经验介绍。特别是家长会上的学习经验介绍，会引起家长们更多的兴趣。因为家长们会思考：在同样的班情下，为什么别的孩子做得比我的孩子好？我们应向他们学什么？

3. 重视抓好学困生

学困生出现的原因是多方面的。对学困生，班主任一定要给予更多的关心。

学困生的自觉性相对较弱，虽然他们也会下很大决心改正错误，但一旦遇到困难和挫折，就表现得没有毅力，有时一种错误会犯好几次。"人不能犯第二次错误"，这种说法虽容易理解，但在实际中常常是做不到的。对学困生来说，是不可能不犯"第二次错误"的。因此班主任一定要做到"抓反复，反复抓"。

我与学困生交流时，常诚恳地指出，人有时会犯习惯性的错误，因此改正错误需要我们下更大的决心，做更多的努力。鼓励学困生看到自己的进步，树立信心，始终努力不放弃。

在帮助学困生进步时，发挥班级教师团队的作用很重要。班主任要与任课教师商量，在课堂上设计一些易答题让学困生回答，并及时予以表扬。这样做的目的是让他们不断增强自信心。对学困生，课后要开"小灶"，加强个别指导，以让他们尽快跟上。这样，他们学习的信心就会增强，学习的积极性就能提高，学习成绩也一定会有所提高。

4. 发挥情感和评价的激励作用

班主任要有意识地运用皮格马利翁效应，多关注学生，多表扬学生，以提高学生学习的热情和主动参与的意识。年长的班主任要以深沉的父爱母爱影响学生，年轻的班主任要像热情的兄长学姐一样关心学生。随着年级的增长，班主任应像朋友般指导学生的学习。

亲其师，才能信其道。情感沟通已成为许多班主任抓好班级学习的有效武器。在师生关系融洽的背景下，班主任切中肯綮的批评更能收到好的效果。

5. 开展与学习有关的集体活动

对班主任来说，在班会课、在紧张的学习之余，经常组织学习竞赛，开展互帮互学，举办作业展览，指导作业整理，进行学习方法指导讲座、学习经验交流，开好考试成绩分析会等集体活动，让学生从中学习方法、增强自信、激发内驱力，都是积极、有效的措施。

班主任在抓班级的文化学习时，一定要上好自己的课。要以精彩的课堂吸引学生，以出色的成绩鼓励学生，以新的目标激励学生。奋发向上的班风、严谨踏实的教风，一定会促进优良学风的形成，使学生取得更好的学习成绩。

分数与名次

分数是学生学习成绩的反映。班主任应该关注学生的学习成绩，关注学生的分数。

不过，分数不完全等同于学生的学习水平，有时题目难，70 分也许已是好成绩；有时题目容易，80 分也许还是落后的呢。于是，名次应运而生。有时相差一分，竟相差了好几个名次。于是，名次成了学生、家长和教师很关注的事。

作为班主任，我曾经非常关注分数与名次。每次考试，哪怕是单元测验，我都会与科任教师保持密切的联系。一旦知道分数，便会迅速地算出总分，排出名次。我想，分数、总分、排名对于了解学生的学习情况，是有帮助的。分数是成绩的反映，名次是实力的象征，分数、名次对学生的学习有一定的促进作用。但是，物极必反，过分看重分数、名次是不适宜的。

苏霍姆林斯基对分数有许多精辟的论述。他认为评分宁可少一些，但是每一个评分要有分量，有意义。他主张分数应反映学生在某一时期内的学习状态。他还认为，在任何时候也不要给学生打不及格的分数。随着教育实践的不断深入，我很赞同他的观点。

作为班主任，我们难以超出自己职权的范围决定"政策"，但身为班主任的任课教师，我们完全可以不急于"给学生打不及格的分数"。我是一个语文教师，我常想，一个学生如果连自己的母语都不能及格，那么他学习其他功课将是很困难的，同样，一个教师如果在自己的任教科目上会有学生不及格，那么这就意味着他在教学上必须进行更多的研究，以寻找"适合学生的"方法。多年来，在我的努力下，我担任班主任时的班级，学生语文没有不及格的，哪怕是后进班中的"学困生"。

那么，作为班主任该如何处理班上每次考试的分数、名次呢？我认为，班主任要认真、迅速地记录分数与名次。但同时要将工作做细、做实、做妥善。

我注意这几个环节：

1. 发放成绩单时，我们将分数条直接扣着递给每位学生，而且事先声明各人只要关心自己的分数。其他同学的分数是个人的"隐私"，不要打听。

2. 对成绩差的学生进行个别谈心。实践证明，有时我们进行过多的"集中教育"并没有好的效果。而个别谈话时，班主任推心置腹，帮学生分析原因，努力唤起学生的信心，调动他内在的积极性，倒是可以取得好的效果。

3. 教室里切切不能张贴全班学生的名次表。那样的"大曝光""强刺激"会损伤许多孩子幼小的心灵。现在还有不少班主任喜欢张贴名次表，甚至有学生说，这样有利于他们竞争，但更多的学生其实是反对的。

4. 我们当然可以表扬成绩优异的学生，如总分前五名的学生、单科状元、进步显著的学生，但我们无须伤害学习有困难的学生。

5. 认真比照学生学习情况对照表，列出学科存在问题的学生名单，积极与学生、与家长交流，采取切实有效的对策，帮助学生提高学习成绩。

我们绝不能只用分数这一把尺子衡量学生，一些在学校里学习成绩不出色的学生走上社会后，取得了出色的成绩，这对我们是很好的教育。学校对学生来说，不仅是学习的场所，而且是生活的场所。在这里，每一个学生都应该得到尊重、得到鼓励、得到培养、得到发展。同时，我们要积极参加教育教学改革，努力提高教育教学质量。当我们用正确的人才观、质量观来审视自己的工作时，我们就一定会用好分数与名次这一评价尺度。

金手指课

"你是否会复习呢?"

假如出这个题目,我以前是说不清楚的。但现在我会自豪地说:"我会复习,而且效果很好。"

这是什么原因呢?这还得从我班开了学习方法课说起。

这学期我班开设了学习方法课后,同学们都受益不少,学习成绩有所提高。我也从中得到不少启发,其中第八讲"怎样进行复习"让我受益最多。从前,我不会复习。一直到考试前几天,才匆匆拿起书本进行复习。这种方法往往效果不好,复习的要点把握不准,一些不起眼又非常重要的内容容易被忽视。

自从听了"怎样进行复习"这一课后,我懂得了复习的形式是多样的——有课后的及时复习,有阶段的系统复习,有综合的总复习。回家后我就照着做,开始了课后的及时复习。第二天课上就尝到了甜头。以后天天坚持。月度考试前,我又尝试了系统复习法,加强了对所学知识的巩固,效果也不错。期中考试时,我进行总复习,查缺补漏,效果比以前盲目的复习好多了。

复习就如一把金色的小铲,我用它填平了前进路上的坑,顺利地前进。

以上是小萍同学写的《我学会了复习》。我班许多同学都写了谈学习方法的文章，比如小歆的《一百分和"计划表"》、小俊的《我不坐"跷跷板"了》等。

这是我为了让学生比较系统地掌握科学的学习方法，特意开了学习方法指导课后的效果。

许多老师都认识到学生应掌握学习方法，但如何掌握呢？是让学生慢慢地摸索，从实践中总结，还是老师主动地指导？是由任课老师指导，还是由班主任与任课老师共同指导？是一个一个方法地慢慢传授，还是班主任系统指导？在实践中，我认识到班主任应与任课老师合作，主动给予学生全面的指导。

正好福建厦门的任勇老师给我寄来了他的新作《初中生学习方法与能力培养》，于是我便借鉴开设了学习方法指导课。二十多年后，我到厦门讲课，时任厦门一中校长的任勇特意到宾馆看我。我们谈起了往事，特别高兴地谈到了这件事。

那时的我仔细翻阅着任勇老师的《初中生学习方法与能力培养》，感到真是"英雄所见略同"，但我没有系统的计划，没有具体的参考文本。于是我在任勇老师《初中生学习方法与能力培养》的启发下，根据我班的特点，制订了授课计划。我拟出了 15 个专题，利用班会课、自修课系统讲授。

我不仅讲，而且抓实践，抓落实。比如"怎样记课堂笔记"，我既在语文课上提醒，督促一些不懂得方法或没养成习惯的同学加强学习，又抽查其他学科的课堂笔记，以保证学习方法的习得和习惯的养成。

有人跟我讲，花这么多的精力教学生学习的方法，不如给学生多讲点儿题，抓一点儿分。

其实，学习方法、学习习惯对人的素质的提高是终生有益的。这使我们想起人们常说的"授人以鱼"与"授人以渔"，"金石头"与"金手指"的故事，而我的一个学生就得意地把学习方法课称为"我们的金手指课"。

在活动中学习

实施素质教育应关注学生综合素质的提高。综合素质有丰富的内容，比如，思想政治素质、道德素质、文化素质、身体素质、心理素质、审美素质和技能素质等。综合素质提高的重要途径之一是班级活动。班主任应指导学生在班级活动中学习、提高。我主张要充分挖掘活动的教育元素，做到"一石三鸟"，尽量得到多方面的收获。这里介绍两个易操作、有实效的活动。

1. 格言教育活动

格言，是心血的结晶，是生活的炼乳，也是语言的精华。苏霍姆林斯基就深信言词力量的强大，深信直接针对人的精神世界去讲话的作用。我认为，班主任要善于开展格言收集、交流、练写活动，简称为格言教育活动。

我们应根据活动主题，指导学生广泛地收集格言。如在开展读书活动时，进行"名人谈读书"格言收集活动；在开展理想教育时，进行理想格言的收集。活动中许多学生做了格言录。如小军同学的格言录，内容丰富，分类细致，他风趣地自称为"海内孤本"。格言，如涓涓细流滋润着学生的心田，给他们精神的营养。

收集格言是为了交流运用。我引导学生互赠格言，从格言中汲取营养，汲取力量。一次期中考试时，学生们惊喜地发现课桌里都有一条格言，原来是班委会根据各个同学的特点选赠的。有同学转学时，班级都会向他赠送笔记本，上面书写着全班同学精心挑选的格言。

为了加强学生的自我教育，我还指导他们在案头或日记本的扉页上题写有针对性的格言，以不断警醒、鞭策自己。

格言是以人们的生活感受为基础的，学生在生活中也有许多感受，因此也可以加以提炼，形成自己的"格言"。于是，我引导学生捕捉自己思想的闪光点，让心灵深处的火花迸发出耀眼的光华。许多学生积极地参加了这一活动。在练写格言时，我还将一些写得好的格言公布，组织同学们品评。如小雷同学写了这样一条"格言"："只有用勤奋做舟，用思考做帆，才能遨游在知识海洋，以致不被知识溺死。"大家认为道理很好，但语言不准确、精练。同学们指出以"思考做帆"和"溺死"的关系没有说清楚，同时"只有……才……"是条件复句，后面接"以致"是不恰当的，帮助他做了修改。评改格言，既提高了学生的写作水平，又提高了他们的思想认识。

为了让学生们收集到的格言发挥更大的作用，我们经常进行交流，以黑板报、朗诵会等多种形式将精彩的格言进行广泛宣传。

我认为一个人"脑中要有格言录，胸中要有英雄谱"。收集、交流、试写格言是提高学生综合素质的好方法。

2. 编报活动

"小芳、小艳在《童话报》编报比赛中获得一等奖。"喜讯传来，大家都很高兴。不过，我并不惊讶，因为我们班的编报活动的确是首屈一指。

长期以来，作为班主任、语文教师，我经常指导学生开展编报活动。我要求学生每人准备一个练习本，作为编报本。这样做易于操作，易于交流。编报本的第一页做目录。以后每期的版面定为两页纸，正好形成一个大版面。每月编一期。

编报活动，可以激发学生的兴趣，培养学生的求知欲望。兴趣是入门的最好向导，编报开始时，我们先拟报名，请学生给自己的刊物起个响亮的名字。不少同学几易其名，反复推敲。如小进同学初拟为"苗苗"，又改为"新芽"，最后定为"先锋"。因为他感到"先锋"具有强烈的时代感，能反映自己的心声。每次命名活动都能使学生兴趣浓厚。记得有一届48位同学拟定了39个不同的报名。"《星星》布满了《星空》，闪烁着《希望》光芒，《甘露》滋润《朝花》，展现着《春天》的美景……"当我把39个刊名连成诗句向全班同学介绍时，深深感到这一个个响亮的报名表达了学生们办好自编报的共同愿望。

编报活动，可以帮助学生开阔视野。起初，我认为编报是为语文学习而办的，少数同学也局限于语文的范围。后来我认识到编报可以是学习生活的缩影、观察社会的窗口、了解世界的平台，应该引导学生通过编报掌握更多的知识。小华的《国际瞭望》、小群的《科技简讯》、小峰的《知识天地》，各具特色。我还提倡要"五花八门"，要求学生增强编报的知识性、科学性，并经常组织交流活动。许多同学风趣地说"编报本是我们班的小百科全书"。

编报活动，可以培养学生的工作能力。活动刚开始时，不少同学单纯搞摘抄，编报本成了"报刊文摘"。当我发现小玲每期都是以自己的作品为主时，便在班上介绍。接着我又发现小东编报本上有"爸爸供稿""妈妈供稿"的说明，于是又予以推广。这样，在小玲、小东的启发下，学生们逐渐形成了以自撰稿为主，同时向父母、老师、同学约稿及适当摘抄的编报方法。

在实践中，我还鼓励学生不断创新，向《中国青年报》《中国少年报》等学习，同时努力有所突破，有所创造。同学们积极开动脑筋，小超、小岳首倡了"剪贴法"，将自己的美术作品剪贴到编报本上；小军创设了《半分钟谈》栏目，专发短小精悍的文章，表现出强烈的创新意识。

小小的编报本，它记载着青春的足迹。一年又一年过去了，一茬又一茬的学生在成长。

随着时代的发展，我们编起电子小报。电子小报便捷多了。这时，我又倡导以小组为单位开展编报活动。因为小组合作编报，可以扬己所长，可以互相帮助，可以智慧共生，可以有更多的人际交流，有更多的合作沟通，对学生的成长是很有帮助的。

做教材的建设者

班主任要抓好班级的教学工作，首先要做好自己任教学科的教学工作。通过自己所教的学科教学，培养学生良好的学习习惯，营造班级良好的学风，以所教学科带动学生各科的学习。

有人认为"锥子不可能两头尖"，班主任工作很忙，教育、教学两方面难以兼顾。这话说得比较偏。班主任一定要处理好教育和教学的关系。事实上，许多优秀班主任教育、教学两手硬，所带班各方面表现出色。

班主任要抓好班级教学。既要指导学生珍惜时间，做时间的主人，又要避免"死揪"，简单地拼时间、拼体力。班主任作为任课教师，一定要熟悉教材，研究教材，做教材的建设者，在课堂上、在教材教法的研究上彰显魅力。

做教材的建设者，首先要认真学习教材，巧妙地用好教材。现在许多省市积极进行教材改革，新编的许多教材，体现了教改的思想，班主任对教材的积极探索，会对学生产生重要的影响。1986年，江苏省泰州中学副校长、著名特级教师洪宗礼承接了江苏省初中语文教材的编写任务。我作为江苏省初中语文教材首轮实验班的班主任，积极参加教材改革实验。我们大力改进课堂教学，开展了丰富多彩的活动。经过三年努力，我班为江苏省初中语文教材的试用、完善作出了重大贡献。我们承担了几十次教学观摩活动，汇编了班级优秀作文选《一树果》，班级也一直被评为校文明班级，在省市及全国学科竞赛中成绩突出，在中考中各科成绩均名列全市前茅。

　　在参加教材研究中养成的好习惯，不仅影响了学生，也影响了我。我到上海工作后，感到上海的教材确实具有开放、包容、创新的"海派"风格。比如，在上海市高中语文（2007 版）第一册课本第二单元"单元学习活动"中编有这样的题目：

　　　　家是我们心灵的憩息之地，每个家庭都有自己的故事，都有自己的个性色彩。营造美好、温馨的家庭氛围需要家庭中每个成员的努力。根据你的家庭特点、需要等，选择一年中的某一天作为你家的特殊节日——"家庭日"，举行家庭聚会。请列出家庭日的时间、主题名称、活动方式，并写一段文字说明你的设计理由。

　　这样好的题目，不少老师却不做，他们认为高考不会考。我看后认为，这样的题目有助于增进家庭成员间的沟通，有助于学生创造力的培养。于是我指导学生做，结果出现了以下好作文。

幸福之家诞生××周年庆

　　时间：父母的结婚纪念日

　　主题名称：幸福之家诞生××周年庆

　　活动方式：全家合影留念并翻阅过去的照相册，回忆难忘的往事。

　　创意阐述：这样可以记录每一年家庭成员们以及家庭的变化，能把每一年的变化都记录在案。每年回忆时都会有别样的感受。当父母白发苍苍，我也已成家立业之时，回头看看当时的我们，会感到更有一番滋味。

　　　　　　　　　　　　　　　　　（晋元高级中学 2007 级高一（2）班小宇）

角色互换

时间：5 月 15 日

主题名称：角色互换

活动方式：我变身为父亲，负责准备"丰盛"的三餐。父亲变身为母亲，承包一天的家务——拖地、整理、晾衣服等。母亲变身为我，享受"父母"的关爱。

创意阐述：人是铁，饭是钢，一顿不吃饿得慌。我平日里过惯了饭来张口的生活，这天却要亲自下厨，用三脚猫的功夫烹饪三顿饭。父亲则需要体验母亲不辞辛苦地做家务，也是非常辛苦的。哈哈！父亲以后应该会更加体贴母亲吧！5 月 15 日是世界家庭日，这天应该是母亲最放松的一天，让她享受"父母"无限的关爱。这样的角色互换可以让我们体会到每个人对我们这个和谐之家所付出的点点滴滴！

（晋元高级中学 2007 级高一（2）班小婕）

家庭奥斯卡

时间：12 月 30 日

主题名称：家庭奥斯卡

活动方式：白天全家为他人选购一件他最期待的物品，这可要看平时的眼力。晚上，举行颁奖典礼，颁发"最佳奖"，如"最勤劳的人""最好学的人""最关心他人的人""进步最显著的人"等。

创意阐述：模仿电影奥斯卡颁奖仪式，设立若干个最佳项目，以颁奖形式鼓励人，以"意外"的奖品鼓舞人。

（晋元高级中学 2007 级高一（2）班小雯）

我把这样的文章投给《中学生报》。文章很快发表，编辑还特意发了编者按，给予了充分肯定。

做教材的建设者，还要主动参与教材的建设，对教材提出建设性的意见。我在江苏工作时，由于经常参加教材的研讨工作，浸润长久，便养成了关注教材细节的习惯。我曾就《核舟记》中"船背"的理解、"书声琅琅"与"书声朗朗"等许多教学中问题写成文章，多篇文章发表于《中学语文教学》《作文报》等报刊，与大家进行交流。我使用上海市高中语文（2005 年版）第一册课本后，发现有不少问题，我就做了整理。

1. 课文节选的省略标志有误

例 1：别其官属常惠等，各置他所。……武既置海上，廪食不至，掘野鼠去草实而食之。杖汉节牧羊，卧起操持，节旄尽落。（《苏武传》）

分析：核查有关资料，"各置他所"后省略号应移至"节旄尽落"后，省略的内容为单于王弟於轩（wū jiān）王对苏武照顾及李陵劝降的内容。

例 2：单于召会武官属，前以降及物故，凡随武还者九人。……武以始元六年春至京师。（《苏武传》）

分析：核查有关资料，"凡随武还者九人"与下文之间无省略。

2. 课文注释不准确

例 1：舳舻千里，旌旗蔽空，酾酒临江，横槊赋诗，故一世之雄也，而今安在哉？

［舳舻］船头和船尾，泛指船只。（《前赤壁赋》）

分析：这条注释不准确。根据课本的注释，如果我们问何为"舳"，何为"舻",学生一定回答"舳"为船头,"舻"为船尾,而答案恰恰相反。注释应改为:舳,船尾,船尾掌舵处;舻,船头,船前划桨处。泛指船只。

例 2:士不可以不弘毅,任重而道远。
[弘毅]心胸宽广,意志坚强。(《论语》七则)

分析:这条注释也不准确。弘:一般为"大",这里可以意译为"抱负远大",而且联系上下文"任重而道远",也以"抱负(志向)远大"作为前提为好。

……

整理完后,我将文章寄给了上海市教委语文教研室。上海市教委语文教研室转给了教材主编、华东师范大学出版社总编辑王铁仙教授。王铁仙教授热情回信,表示将全部采纳有关意见。当年教材就做了修改。在我的影响下,2008 届高一(8)班吴题对毛泽东《沁园春·长沙》中"领"字的研究、2008 届高二(2)班李阳林对《石钟山记》中"鼓"字的推敲等文章相继发表于学校的校刊。

我想,班主任如果注重教学研究,做教材的建设者,对学生的影响是潜移默化的,也是巨大的。这样的投入和坚持,对班主任自身的成长也是终生有益的。

开发贺卡的教育资源

每到新年，学校传达室的师傅就忙坏了，一张，一张，又一张，天南海北的贺卡翩翩飞来。

我曾听过许多班主任谈他们对职业的钟爱、对事业的追求，其中最值得他们骄傲的便是每到新年那从天南海北飞来的片片贺卡。寄贺卡来的有现在的学生，有刚毕业的学生，有毕业了多年的学生。一位班主任曾动情地对我说："也许我们的物质生活不够富裕，但我们的精神生活是最丰富的。一张张贺卡都是学生们的心意，也是我们人生价值的反映。"

我曾看到一位老教师的卧室里，满墙上张贴着几百张贺卡。老人自豪地告诉我："每一张贺卡都有一个动人的故事。"我从老人的脸上读出：张张贺卡，使老人的生活不再寂寞；声声问候，使老人的心头永驻春天。

但曾几何时，贺卡自身的分量却越来越重。现在走进贺卡市场看看，原先的纸卡片已成了"丑小鸭"；镀金的、带音响的、立体的，式样越来越多，价格也不断飙升。

原先的贺卡，空白处可供人们字斟句酌，用来表达情感。但现在，现成的"尊师卡""友情卡""贺岁卡"，标准的格式，印刷的话语，您只管掏钱便是了。

豪华的贺卡刺激了人们的消费。单纯的中小学生既讲友情，也学习起公关来。贺卡满天飞，贺卡瞅人送。新年前后学校的邮件是最多的，辛勤的邮递员不得不加个大邮包——"贺卡专递"。辛苦的传达室师傅不得不加班分发。

贺卡一滥，也易变味。同学间收到贺卡，要掂掂回的贺卡是不是等值的。而当贺卡潮水般涌至时，有些传达室师傅甚至听之任之，摊在桌上让同学自己挑，结果造成了贺卡的散失。寄件人却还在一直等待收件者的惊喜，并期待着回复呢。

贺卡，本是表达祝福、思念、感谢的一种方式。它在生活中的广泛应用，标志着生活的安宁、社会的进步和人际关系的和谐。但是，如果只顾包装的"豪华"，只求式样的"新奇"，甚至连祝贺词都是现成的，那贺卡便失去了昔日的光彩。于是，我指导学生尝试新的做法。

我提倡学生自制卡片。我认为，学生自制的卡片虽然略显粗糙，但它表达了学生的一份真情，而且有利于学生动手能力的提高，有利于学生良好习惯的形成。我看着学生画着写着，那或纤细或粗犷的笔触，都表达着他们内心的情感。

我主张，每一张贺卡的问候语都应该是学生从心底流淌出的。写问候语的过程，是提高写作水平的过程，更是提升思想认识的过程。许多学生字斟句酌，反复推敲。亲切的话语、流淌的真情，连接起彼此，成为沟通心灵的桥梁。

我感到，班主任还应指导学生选择送卡的对象。一般说来，学生常常想到的是父母、老师、同学。我建议学生还要想一想在自己身边，还有哪些关心着自己却被自己"忽视"的人。比如，传达室里的大叔、宿舍中的生活老师、路上的交通警和小区的保洁工等。要把目光投向我们应该说声谢谢、应该给予问候的人。实践中，许多学生的选择让我们感动。比如，小张同学特意给所在小区的送奶工陈姐送上了贺卡。这位从安徽到上海打工的外来妹，在上海打拼了六年，现在竟收到了小区订户的问候，非常感动。她说要教育孩子好好向大姐姐学习。选择送卡对象，既是对人际关系的学习，也是感恩教育的熏陶。

　　我还思考，学生还可根据学校的特点，把向老师表示敬意和帮助老师整理、收集资料以及与自己的学习紧密结合起来。于是，我指导学生制作"错别字卡""格言卡""难题卡""一课一得卡"等新颖的卡片。这样的贺卡，一举多得，是别样的"作业"，它的分量更是沉甸甸的。

　　当然，今天学生用贺卡的频率已不及当年，他们更多地使用短信问候、QQ问候等。但我认为有些方法是相通的，是可以借鉴的，比如，选择问候的对象、斟酌问候的词语、表达问候的情感等。

　　一张小小的贺卡，蕴涵着丰富的教育内容。

第七辑

家校协同教育

不可以说家庭可以随意教育儿童，应当组织家庭教育，作为国家代表者——学校，应该是这个组织的基础。

——马卡连柯

走进每位学生的家庭

新接班时，许多学校都要求班主任进行家访，许多班主任按照要求开展家访。但也有老师不知道该怎样家访，认为家访没有什么意义或因为忙等原因而不去家访。

我曾经参加过多次家长座谈会。许多家长都热情赞扬家访，认为家访"改变了学生"，班主任的到访给学生莫大的鼓舞；认为家访也"提高了自己"，与班主任的倾心交谈给了自己许多启发。但谈到家访，还有不少学生闻之色变，那是因为班主任家访后，很可能"今夜有暴风雪"。因此，我们应积极做好这一工作。

过去我们家访比较多的是问题家访，即有问题时才去家访。因此不少学生听说班主任来家访，便认为班主任是来告状，因而产生抵触情绪。

对此，我们应改变观念。家访是班主任深入了解学生、了解家长的必修课，是班主任与家长加强联系，共同提高教育水平的有效举措。班主任在新接班时要全面安排，走进每位学生的家庭，开展家访活动。

走进每一位学生的家，对班主任来说，可能增加了一时的负担。但家访的进行将有利于班级各项工作的顺利开展，减少工作中的被动应付，减少偶发事件，从工作的效果来看，是值得的。

在倡导教育公平的今天，走进每位学生的家庭，又有着关爱每一位学生、尊重每一位家长的重要意义。

当然，有时由于多种原因，在短时间内走进每位学生的家庭可能有点困难。我们可采用打电话、发短信等方式加强与每位家长的联系，但事后一定要尽快"补课"，争取早日走进每位学生的家庭。

家访前，要做充分准备，思考谈话内容。家访时，要注意与家长平等协商，做到有情、有理；谈话的态度要诚恳、耐心，要善于营造和谐融洽的气氛。

营造和谐融洽氛围的有效方法是表扬。表扬可以是有准备的，班主任向家长交流时，要突出学生的优点。这些优点可以是事先看材料获得的，比如学生黑管吹得好，比如学生关心班级工作等。一定要通过一两件具体的事予以表扬。有些看似不经意的事，一旦郑重地提出，分量就不一样了。

表扬也可以是随机的。比如，在家访时，有些学生会帮家长泡茶，有些学生的书画作品会引起你的注视。因此，要善于发现，及时表扬，使家长感受到老师对学生的爱护和关怀。

家访时要适时指导家长开展家庭教育。指导家长采取说理、引导的方法教育学生，指导家长避免采取简单粗暴的方式教育学生。要与家长共同分析学生的思想、学习、生活等方面的问题，制定符合实际的教育方法。

当然，家访中家长的真知灼见也会影响我们。对有见地的家长，我们应更多地关注，邀请他参加班级家长委员会，请他到班级作适合的讲座。我一直主张班主任应打造班级讲师团，以充分发挥家长的作用。

在家访时，我们和家长讨论的同时，也可以根据需要让学生一起参加讨论。这种讨论是心平气和的，是民主的，有利于学生的成长。在讨论中，要注意倾听学生的心声。有些事能够帮助解决的，要及时帮助解决。比如，有一次我去家访时，在谈到学生作业不够认真时，学生委屈地谈起台灯已坏了。由于台灯坏了，只好借着室内的大日光灯做作业，但做作业的位置"背光"，不利于写作业。虽然学生跟家长说过，但由于家长忙，一直没解决，我们"现场办公"，当场解决了这一问题，学生很高兴。

家访后，班主任应及时填写"家校联系情况记录表"，并向家长发放"家校联系工作反馈表"。家访中发现的问题，需学校有关部门解决的，应在第一时间上报学校有关部门。同时，应写好家访手记，总结家访工作的经验与收获，以积累教育素材案例。

记得有一年寒假，我在路上遇到学生小勇，我对他说明天我要去他家家访。第二天，他竟在村前的公路上等了一个上午。当我下午赶到他家时，他说起了这件事。我当时有点奇怪，问他为什么要在公路上等，他说农村里没有门牌号码（现在不少村庄里已有了），怕老师找不到；我又问他为什么等了半天，他委屈地说，你说明天来家访，我不知道是上午还是下午，就早早地在路边等。我听后非常感动。这样的家访经历深深烙印在我脑海里，提醒我要不断探索家访的艺术，以提高家访的实效。

今天，许多班主任认识到电话联系、QQ 交流、短信沟通等联系方式虽然具有快捷便利的特点，但它们还是代替不了家访的面对面的充满情感的真诚交流。我们应在忙碌的工作中安排好时间，走进学生的家庭，认真地、友好地和家长、学生聊一聊。

附录：

怎样进行家访

家庭是孩子的第一所学校，也是人生就读时间最长的一所学校。家庭环境、家长的品行对孩子具有潜移默化的作用。家访是班主任了解学生家长，共同提高教育水平的有效途径。

家访前必须做好准备，要进行家访备课：明确家访的目的，确定谈话的方式，确定家访的时间，并事先与学生家长预约。

家访备课，要做到"两备"，即要备家长，认真阅读有关资料或事先向学生了解家长的一些情况，准备与家长进行交流时的共同话语和重点话题；备学生，准备好学生的有关资料，与学生交流，收集有用的信息，加强对学生的了解。

家访的内容有学生在校实际情况汇报（学生在校表现如何）；学生在家实际情况询问（学生在家表现如何）；了解学生家庭的结构、经济状况、环境、教育等情况；与家长协商共同教育学生的措施、方法、手段；协调学生与家长的关系；增进与学生、学生家长的感情。

家访的注意事项：

1. 家访前，要做好充分准备，明确谈话中心，考虑恰当的谈话内容。

2. 家访中，应从实际出发，切忌片面孤立地看问题。

3. 家访时，要注意与家长平等协商。做到有情、有理，谈话的态度要诚恳、耐心，形成和谐融洽的气氛，要使家长感到教师对学生的爱护和关怀。

4. 家访时要指导家长开展家庭教育，指导家长采取说理、引导的方法教育学生，避免家长采取简单粗暴的方式教育学生。与家长共同分析学生的思想、学习、生活等方面的问题，制定符合实际的教育方法。

5. 家访时要注意观察家庭环境、家长心情、学生在场与否，采取恰当的谈话方式。

6. 家访后，家访教师应及时填写《家校联系情况记录表》，并向家长发放《家校联系工作反馈表》。

7. 家访中发现的问题，需学校行政或有关部门解决的，应及时上报德育处、校长办公室或有关部门。

8. 写好家访手记，总结家访工作的经验与收获，积累教育案例。

对新生的第一次家访，要通过对家长的了解，考虑班级家长委员会的人选，准备筹建班级家长委员会。

新接班时应进行面向全体学生的家访。正常带班时应做到普遍家访与重点家访相结合。

（资料选自《上海市晋元高级中学班主任规范化操作方案》，主编：丁如许，执笔：陈尚圣）

家校联系要畅通

现在，许多班主任都认识到要教育好学生，学校家庭一定要形成合力，互相配合，做好工作。要做好家校协同教育工作，学校与家庭须保持畅通的"热线"联系。

怎样确保学校家庭之间的联系畅通呢？许多班主任采取的方法是家访、打电话、发短信。这样做确实有效果，但各有不便。比如，家访虽好，但比较费时间，不太方便；打电话、发短信比较方便，但有时交流还不够充分。我在实践中，除了用以上方法外，还常用两种方法，效果也不错。

1. 设立接待家长日

"接待家长日"的提法，是我的首创。《中学德育大纲》在提及这一做法时，是说要设立家长接待日。我认为提"家长接待日"主体错位，比如，人们常说的市长接待日、书记接待日，指的是由市长、书记出面接待。因此我们接待家长时应提为"接待家长日"。

班级组教师确定每周内某一个半天为"接待家长日"后，在家长会上公布，届时家长可到校访问。

设立接待家长日，能提高工作效率。我们在校内有准备地接待家长，可以避免家长到校后等待。

设立接待家长日，能加强联系的效果。家长到校后，既可以在班主任那儿得到对学生评价比较全面的信息，也可以在任课教师那儿听到对学生情况的具体分析，可以更好地配合学校开展工作。

设立接待家长日，一定要做好接待工作。对家长我们要一视同仁，不论其工作职务的高低；不论其家庭情况的贫富；不论其子女表现的好坏；都要热情接待，认真交换意见，并做好记录。

我在设立接待家长日后，尝到了甜头。通过接待家长日，可以有效地开展家校协同教育工作。但开始时，家长来得特别多，过一阵，便有所减少。这时我就将"等上门"改为"请进门"，主动约请家长到校交流。

苏霍姆林斯基指出，"教育学应当成为众人的科学——不论是教师，还是家长。"我们应竭力给每个家长授以基本的教育学知识。设立接待家长日，有及时、方便、针对性强的优点，班主任与任课老师可与家长进行多方面的交流，效果要比家长学校集中面授好。也许有老师要说："这不就是校访吗？"是的，但它与一般认识上的校访不同。首先时间是确定的，是事先预留的、事先告知的；其次是教师集体与家长的交流。

当然，设立接待家长日，并不意味着可减弱家访工作，家访仍有其不可替代的作用。

2. 班级家庭联系册

在小学高年级和初中，我们还可以通过班级家庭联系册与家长保持密切的联系。

班级家庭联系册是让全班同学准备一个练习本。周五下午第四节课，学校通常安排为大扫除，但一般只需要 20 分钟便可完成。放学前，我做口授，全班同学执笔记录。这种集体记录的方法，速度快，又能提高学生的听写能力。对个别学生的个别问题，我则专门填写。

在实践中，我让班级家庭联系册呈现以下功能。

（1）信息传递功能

及时向家长介绍班级、学校有关工作的情况。这样，过去家长不了解班级、学校工作的现象，可以得到改变，家长也可以及时地配合学校的工作。

（2）专项调查功能

可以经常向家长调查了解学生在家学习、劳动和生活等情况，从中获得准确、翔实的第一手资料，以加强班级工作的针对性，同时专项调查的内容，客观上也能引起学生、家长对有关问题的重视，起导向作用。

（3）家教指导功能

可以根据家庭教育的具体情况，如怎样看待子女的考试分数，怎样让孩子处理好学习与娱乐的关系等问题，对家长做必要的指导。还可向家长介绍家教名言，推荐优秀的家教读物。

（4）意见征询功能

征询家长对班级工作的意见或建议，并及时予以答复。

实践中，我认识到以上功能并不需要每次都有体现，可根据需要有所侧重。

为了保证联系册发挥作用，应该请家长做到"三签"：签名，表示已阅；签日期，表示周末家长及时阅看；签意见，表达家长的意见。这样就可以保证家长能及时地了解情况。对个别不识字的家长则委托学生或学生干部读给他听。

班级家庭联系册具有迅速、灵活、实用的特点，在班级与家庭之间起到桥梁作用，得到了家长们的普遍欢迎。特别是我们强调联系册的交流是双向的，并经常介绍积极签署意见的家长，这样可使家长们有所启发，有所思考，有所改进。

　　为了办好班级家庭联系册，我还开展评选"优秀班级家庭联系册"活动，表扬认真记录的同学和认真阅看的家长，通过评比、交流，大家可以开阔眼界，取长补短。

重要的是提高家长

　　大量的事实证明，不少后进生的出现与家庭教育不力有着密切的关系。现在，有不少教师埋怨家庭教育不得法，但对如何有效地指导家庭教育，却较少认真的思考，缺少积极的实践。应该说，对家长来说，特别是对现在大量的独生子女家长来说，教育孩子的每一个阶段他们都是陌生的。他们缺少心理学、教育学的知识，缺少经验，心有余而力不足。对教师来说，我们却有这方面的优势，有这方面的长处。因为我们有团队的互助，有实践的经验。我经常说，新班主任经过几年的摔打就是"老法师"了。

　　马卡连柯指出："不可以说家庭可以随意教育儿童，应当组织家庭教育，作为国家代表者——学校，应该是这个组织的基础。"苏霍姆林斯基也指出："我们的时代，在培养人的方面，据我看来没有比指导母亲和父亲如何教育儿童更为重要的任务。"苏霍姆林斯基还进一步指出："最完备的社会教育是学校——家庭教育。"班主任应成为国家加强家庭教育的组织者、教育者和指导者。班主任通过努力，使家长得到不同程度的提高，家庭教育就会得到改善。一个班级，四五十位甚至是八九十位学生家长都成为"编外"教师时，其教育效果一定会令人满意。

　　在实践中，有不少学校重视指导家长的工作，提出了"教育家长"的主张。我认为，在教育学生方面家长也是有长处的，班主任与家长是合作者的关系。所以我的主张是"提高家长"。

家访、接待家长日、与家长委员会一起工作都是提高家长的有效途径和方法。作为班主任，我们还有两个重要的形式。

1. 开好家长会

开好家长会已成为许多班主任的共识，但怎样提高质量，值得进一步研究。

（1）要加强计划性，统筹安排

我们要根据各学段的特点，认真设计好每一次家长会，确定每学期召开家长会的次数、时间、内容和形式，形成一个整体的安排。有整体的安排，既加强了工作的计划性，也让家长对家长会充满了期待。

（2）要做到主题突出、内容充实

要根据各学期的特点精心考虑家长会的内容，明确每次家长会的重点，做到主题突出。每学年应安排一次专题讲座。如初一时介绍家长应如何指导子女做好中小学学习生活的过渡；初二时介绍如何与学校一起对子女开展青春期教育；初三时介绍如何帮助子女树立人生理想。

（3）要做到形式多样、富有变化

家长会不能只是简单的会议形式，班情汇报、知识讲座、心得交流、专题研讨、试卷自测、参观展览、观看录像等都是可行的方法。班情汇报可以由班主任，也可由任课教师、家长、学生来进行。在实践中，我喜欢请各组组长向家长作本组同学情况介绍，由于范围比较小（每个组长介绍 5～6 个同学）、要求明确（既讲优点又讲缺点）、内容翔实（具体的、新鲜的事例），得到家长的热烈欢迎。

　　要开好家长会，除了在内容、形式上作改进，开家长会的时间也很重要。要考虑到大家的工作安排，以保证家长会的高出席率。因为有些家长开家长会开怕了，而他们常常是我们迫切希望邀请到校的家长，而家长缺席多就难以收到预期的效果。因此，农村学校的家长会要避开农忙时节，同时要热情地邀请家长到会。我一般提前一周以书面的形式邀请家长。为了引起家长的重视，我还采取首次家长会发两次通知的做法。第一次是以学校名义发通知，邀请家长到校开会，在通知后面附上回执，请家长说明是否出席家长会。对可能不到会的家长，分析情况，做好工作。第二次是由学生制作请柬，上面有生动的画面、热情的文字，邀请家长到会。许多同学纷纷开动脑筋，有同学写道："爸爸、妈妈，在下周六有一个关系我成长的会，请你们准时参加。"有同学则干脆写道："某年某月某日某时在某班教室召开家长会，请您务必准时参加，不得缺席。"语言生动，令人忍俊不禁。这样郑重其事的做法，引起了家长的重视，纷纷表示要参加家长会。

　　对积极参加家长会的家长，我们要及时表扬。在工作中，有"夫妻双双来开会"的，有"爸爸开上半场，妈妈开下半场"的，对此，我们要多介绍，多鼓励。

　　班主任应全力以赴地提高家长会的质量。要保证家长到会一定能有收获，有提高。在会前要做好准备，环境布置要整洁，黑板上要写有欢迎标语，教室后应摆放供家长翻阅的作业、奖状等资料，还要准备好茶水。

　　班主任要精心备好课，会议中要与家长平等交流、友好协商。大多数教师，好为人师；而家长一般对班主任都会恭敬三分，这使得有些老师在家长会上常居高临下地对家长讲话，甚至训话。其结果，有些家长会迁怒于孩子，回家后把孩子怒斥一顿甚至加以拳脚，因为孩子让家长丢了脸。因此，很多孩子怕开家长会，很多家长也怕开家长会，因为每一次家长会都可能伤害一些家长的自尊。教师应明确家长与教师的关系是一种平等的教育伙伴之间的关系。教师在家长面前只要亲切自然、温文尔雅，采取多协商、多讨论的态度，对家长待以礼、讲以理，家长都是愿意和老师配合的。

会上要多给家长发言的机会。开家长会，应把家长视为客人。在家长面前，切忌用给学生上课的那种口气讲话。对于个别违纪的学生应单独和家长会面，要商榷帮教措施，应避免在大庭广众之下点名批评学生，以免让家长难堪，造成尴尬局面。只有以诚相待，班主任才能赢得家长的尊重，才能把家长会开成"知无不言，言无不尽"的交流会。

家长会结束后，应填写"家长会反馈表"，记录会议的有关情况，如时间、地点、主题、与会人数、缺席者姓名及原因、会议程序及家长的建议和意见等，向学校汇报。学校要重视会后反馈，对家长反映的意见、建议应及时分析、认真处理。班主任要将有关处理结果，尽可能反馈给家长，以增强家长对学校、对教师的信任。

在开好全体家长会的同时，我们还应该根据需要，召开小型的专题家长会。两种家长会各有侧重，可以互相配合，整体推进。

2. 办家庭教育指导小报

为了加强家校协同教育的实效，我建议班主任办一份家庭教育指导小报。这虽然有点麻烦，但效果相当好。因为作为班级的报纸，它具有较强的针对性、指导性和可读性，会受到家长的欢迎。这实际上成了家长学校的刊授教材。现在许多地方积极举办家长学校，但家长学校连续授课、集中学习的做法其实有很多困难，不如这种刊授教材相对方便，针对性也强。

我在工作中就办了一份家庭教育指导小报，当时命名为《班级与家庭》，逢十出刊。

在工作中，我力图把它办成反映学校生活的园地。设了《本旬简讯》，及时地反映班级的重大活动，使家长从中看到子女活跃的身影。还设了《班级一页》，摘登优秀的班级日记。这种来自学生笔下的第一手信息，使家长们倍感亲切，有利于情感的沟通、思想的交流，其中反映的问题也易引起家长的重视。同时，还设了《工作预告》，及时通告班级的重大活动安排，以期能得到家长的支持。

在工作中，我还力图把《班级与家庭》办成家庭教育的辅导站，系统地向家长们介绍教育子女的理论和方法。设了《班主任述评》专栏，经常对班上工作的重点、存在的问题发表自己的意见，意在使家长们的认识趋于一致。还设了《家庭教育建议栏》，结合学期工作的阶段特点，加强指导，并在《新书架》栏目中向家长推荐优秀家庭教育读物。还开辟了《家长园地》栏目，邀请家长们撰写教育子女的心得体会。不少家长对我说，这些经验实在、管用，以后应多登这一类的文章。

为了更好地办好这一小报，我还向家长们发放了意见征询表。反馈的信息表明，家长们对它是很满意的。许多家长高度评价了这一工作，同时提出了许多宝贵建议，如建议增设《老师与家长》《家长与学生》《我们的心声》等栏目；建议可针对班级的实际，多出特刊，以推动班级工作。

《班级与家庭》当时是由我来承办的，工作量比较大。后来，我和班级家长委员会讨论家校协同教育时，他们提出可由他们来承办这份小报。于是，这一小报此后便由他们承办了。

他们对《班级与家庭》做了不少改进。一是重题了报名，将报名命名为《希望》，这既表达了家长对孩子的希冀，也反映了时代对孩子的希望。二是新辟了栏目，比如《名人谈家教》《家长的心声》等。三是组织了专题活动，如怎样指导学生上好晚自修、新学期寄语等。

《希望》的出刊工作也由班级家长委员会负责。小报由油印变为铅印，由刻写变为打字，报头也采用了套红。我由主编变成了通讯员；作为通讯员，我积极写稿，全力支持班级家长委员会的工作。

许多教育家在论述学校与家庭的协同教育时，强调要形成"双臂效应"，我认为开好家长会和办好家庭教育指导小报是形成双臂效应的有效形式。

和班级家长委员会一起工作

今天，许多班主任都认识到要做好建班育人的工作，一定要提高家长的认识，调动家长的积极性，"重要的问题是与家长协调"。

2007 年 10 月，我应邀到台湾南山中学访问。接到的请柬上，落款的邀请者为董事会、校长室、家长会。当时我很奇怪。怎么还有"家长会"呢？一了解，原来台湾学校里的"家长会"相当于大陆学校的家长委员会。我饶有兴趣地与台湾同行攀谈起来。台湾同行告诉我在 20 世纪 50 年代台湾就推行家长会（家长委员会）参与学校管理监督的制度。几十年来形成了比较完善的工作制度与方法。听着台湾同行的介绍，我频频点头，感到他们的做法有不少值得借鉴。

《中学德育大纲》在提及家校协同教育的多种形式时，就指出要"组建家长委员会，推进家庭教育"。实践使我感到，班主任要积极协同班级家长委员会开展工作。虽然许多班级组建了班级家长委员会，但协同家长委员会开展工作方面还是空白。

要协同班级家长委员会开展工作，首先要组建班级家长委员会，班主任应做好牵线搭桥的工作。

班主任应通过家访、班级家庭联系册、家长会，以"自荐""互荐"的方式，征询家长意见，在这样的基础上，成立班级家长委员会筹备小组。

班级家长委员会的人选应具有广泛的代表性，可从学生类型、居住区、家长职业、性别等不同角度予以考虑。班级家长委员会的人数不宜过少，以家长人数的三分之一为宜，这样便于召开会议，商讨工作。

班级家长委员会的主要人选则应具有较强的权威性，应充分考虑到家长的素质、工作积极性等因素。

适合担任家长委员会主任、副主任的人选，有三类。

1. "党代表"。所谓"党代表"是指党的基层单位的负责人。相比于基层单位的行政管理干部，他们工作应酬少些，同时他们又有着比较丰富的管理经验。事实证明，他们是合适的人选。

2. "全职太太"。在大城市，在经济发达区域，一种新的家庭角色正在出现，就是"全职太太"。她们大多具有良好的教育背景，由于家境良好以及对教育好孩子的期盼，她们愿意在家中相夫教子。她们有时间、有精力、有能力对教育进行较多的研究。令我们钦佩的是有些"全职太太"还经常开博客、发微信进行交流。

3. "志愿者"。之所以说是"志愿者"，是因为这样的提法有较大的包容性。

实践使我们认识到，为了便于开展工作，班级家长委员会的主任、副主任人选可从班级主要干部，像班长、副班长、中队长、副中队长、团支书、团支部副书记等的家长中产生。我戏称班干部和他们的家长"可以在饭桌上讨论工作"。这样确实便于联系，便于决策。

班主任与班级家长委员会筹备小组通过一定时间的筹备，应提出班级家长委员会的候选名单。由筹备小组组长在家长会上向全体家长介绍筹备的过程以及候选人的情况，候选人（特别是主要候选人）应发表讲话，然后由全体家长投票表决。通过后家长委员会的主任、副主任再作即席演讲。我一直重视规范的操作过程，规范的操作意味着良好合作的开始，表明大家对这一工作的重视和投入。

要使班级家长委员会正常地开展工作，我们应做好以下工作。

1. 制定班级家长委员会的章程。章程应明确班级家长委员会的组织形式、工作准则和主要职能。

2. 建立例会制度。每学期可召开 2～5 次工作会议。可以上半学期、下半学期各开一次，也可以每个月开一次，经常地研究情况、商讨问题。

3. 制订切实可行的工作计划。应根据班级情况，确定每学期的工作重点。工作计划要注意可行性，可围绕确定的工作重点，开展 4～6 次具体活动。

我曾指导初二（2）班家长委员会围绕"指导学生上好晚自修"这一工作重点，开展了请班主任老师做讲座、家长交流指导学生晚自修经验、夜访学生家庭、编写活动专辑、表彰优秀家长等活动，取得了显著的成效。

我在许多地方交流时，多次提到我与班级家长委员会一起开展的工作。有些老师好奇地问：班级家长委员会的主任们这么积极地投入工作，他们有没有报酬？答案是没有。老师们又追问：他们为什么能这样积极地投入呢？对此，我引用我班家长委员会主任在回答电视台记者同样的问题时的回答："因为我们的孩子在这个班。班风如何，直接关系到孩子的成长，关系到我们的利益。我们也都是党的基层单位负责人，教育事业的发展我们都有责任。同时班主任的投入，也深深地感动了我们。"

至于班主任在班级家长委员会中的身份，还是以"顾问"为宜。作为"顾问"，班主任既要"顾"又要"问"，要切实负起责任来。

当然，班主任和班级家长委员会的同志一起开展工作，也可以学到很多。

今夜，我与家长同行

班级家长委员会组建后，怎样创造性地开展有效的工作十分重要。我和班级家长委员会的家长们动了不少脑筋。从班情出发，解决实际问题，是我们开展工作的依据。

我们曾开展过"今夜，我与家长同行"活动。

那是冬天的一个晚上，夜幕渐渐降临，路灯发出柔和的光，我骑着自行车来到校门前。

"你提前到啦！""你们也到啦！"我和早到的几位家长寒暄着。

这是干什么？原来我们班的家长委员会正准备开展一次夜访学生家庭的活动。

时针指向七点，家长委员会的同志都到齐了，其中小晶同学的家长刚在厂里开完会，连饭也未赶上吃，便准时赶到。我紧紧握着家长们的手，无言的动作表达着内心的感激。

按原来的计划，我们兵分三路出发。登上弯弯仄仄的楼道，我们敲开了小艳同学的家门。望着我们这些不速之客，朱师傅显得很激动。

"这是小欣同学的家长，这是小明同学的家长。噢，大家都熟悉，他们都是班级家长委员会的。"我向朱师傅介绍道，"我们今天是想了解学生在家晚自修的情况。"

原来，我班家长委员会组建后，有关家长便积极开动脑筋，思考如何做好工作。经过研究，决定每学期围绕一个主题开展活动。本学期的主题是加强学生在家晚自修的学习。为此，考虑了六个具体活动：①由班主任进行"怎样上好晚自修"的专题讲座；②家长委员会夜访部分学生家庭；③班级进行上好晚自修的经验交流；④家长委员会组织家长交流指导学生晚自修的经验；⑤家教小报《希望》出晚自修的专辑；⑥评选、表扬在晚自修中成绩显著的学生和家长。

"我们先看看学生的学习小天地吧。"家长委员会副主任丁厂长说。

"好！"朱师傅把我们引到一个小房间。房子不大，紧靠着床放着书桌，桌上摊着作业、书本，桌后的墙上贴着名人名言和作息时间表。小艳同学正在做作业。

"嗯，不错嘛。"几个家长一起称好。

"小艳，今天的作业做好了吗？"

小艳认真回答，她今天的作业不算多，在家里完成作业大概只需一个小时。

"那多余的时间呢？"

"按照计划，我准备复习英语，再做些数学课外题。"

"学生时间紧，让她抓紧时间做作业。我们还是到客厅谈吧。"丁厂长招呼大家到客厅。

"磨刀不误砍柴工，她也可以听听。"我建议。

在客厅，朱师傅向我们介绍了小艳同学平时学习的情况。他认为孩子平时比较自觉，晚自修能较好地进行，但有时效率不够高，用于"自修"的"提高"时间还不多。此外，他感到特别伤脑筋的是有些难题自己不能辅导。

于是，大家七嘴八舌地议开了。大家认为朱师傅对子女的教育挺重视，平时对孩子检查、督促有力。对怎样上好晚自修，大家一致认为关键是学生要严格要求自己，巧妙合理地安排，并持之以恒。对有些难题不能辅导，我谈了自己的看法。我认为，我们并不要求家长担任文化教员的角色，但我们希望家长能对孩子的言行进行指导。对学习中的难题，实在解决不了的，可以打电话向老师或同学请教；也可以第二天到校后，与同学讨论或向老师请教。

在热烈的气氛中，小骏同学的家长发言了。他说，这是我们今天夜访的第一家，我们马上还要走几家，可否把这次夜访的形式做点规范，形成"四字工作法"，即"看"，看看学生的学习小天地；"查"，查查学生的作业情况；"听"，听听家长的意见；"议"，议议如何解决存在的问题。

好一个"四字工作法"，我打心眼里赞赏。我们班级家长委员会的同志都是以自荐和互荐的形式产生的，为了和学校共同肩负起教育好下一代的重担，他们奉献着自己的智慧和力量。

走出小艳同学的家门，我们又向小凯同学的家走去。一路上，我感激家长们为班级工作做出了这么认真的努力。

"丁老师，要说还是你辛苦，还是你认真。"班级家长委员会主任小歆同学的爸爸说，"就拿夜访学生家庭来说吧，你选了最辛苦的路线，你帮我们出了不少好点子，也做出了好样子。你能这样，我们也应该这样。"

夜渐渐地深了，昏暗的小巷里，晃动着我们的身影，清冷的寒风中，我们的自行车铃声显得格外清脆。一阵寒风扑面，我却不觉得寒冷，因为今夜，我与家长们同行。

苏霍姆林斯基指出，学校和家庭不仅要一致行动，向儿童提出同样的要求，而且要志同道合，抱着一致的信念，始终从同样的原则出发，无论在教育的目的上、过程上，还是手段上，都不要发生分歧。我们组建班级家长委员会，和家长委员会一起开展活动，特别是一起夜访学生家庭，调查情况、分析问题、寻找对策，正体现了这一点。活动中家长们提出的金点子，家长们对教育孩子的真知灼见，也有助于班主任老师提高教育艺术。

班级家长委员会不应成为摆设，成为花瓶。班级家长委员会应依据班情，创造性地开展工作。

表彰优秀家长

在加强家校协同教育工作中，应将激励机制引入我们的工作。我做过调查，许多学校是不表彰优秀家长的；有些学校虽然表彰优秀家长，但名额太少，一个班只有两个名额。

人都是需要鼓励的，每个人都乐意看到自己的成绩，听到表扬的声音。一个学期或更多的时间以来，家长配合学校做了大量的工作，为什么我们不能大规模地表彰优秀家长呢？学校名额有限，班级可以多做文章。因此，我主张班主任应做好表彰优秀家长的工作，让它成为常项的工作。

下面是我班级生活中的一个小镜头。

"下面我们宣布本学期优秀家长名单，并请班主任丁老师颁发奖品。"

在热烈的掌声中，我为荣获本学期优秀家长荣誉称号的家长颁发奖品。奖品不显眼，是张宣传画。不过，上面写了一行字："奖给优秀家长。"

班级评选优秀家长，是我班的一个特色活动。我们先让班委会、团支部提出优秀家长的评选标准。同学们进行了热烈的讨论。班委会、团支部在全面汇集同学意见的基础上，制定出班级优秀家长评选标准。

1. 从思想上关心子女。经常与子女谈心，引导子女积极求上进。

2. 从学习上关心子女。鼓励子女刻苦学习，但不是简单地看分数、看名次，当子女考得不好时，能积极帮助分析原因，予以热情鼓励。

3. 从生活上关心子女，使子女健康地成长。

4. 既重视子女的"健康投资"，又重视子女的"智力投资"，经常为子女买些有益的课外读物，支持子女开展科技活动。

5. 正确对待子女的要求，不是粗暴反对或轻易许诺。

6. 教育子女干些力所能及的家务事，不娇纵子女。

7. 倡导民主的气氛，允许子女与家长争论，不搞家长"一言堂"。

8. 子女做错事时，要耐心说服，不粗暴打骂。

9. 严于律己，努力做好本职工作，以身作则，是子女的表率。

10. 尊重祖辈，夫妻互敬，邻里和睦。

我感到同学们提出的优秀家长评选标准非常好，于是在家长会上向家长们作了介绍。同学们提出的优秀家长评选标准引起了家长的热烈反响：有的家长说，这些孩子人小鬼大，对我们提出这么高的要求；有的家长说，看来我们已经落伍了。我向家长们交流了我的思考：我认为孩子们提出这样的标准，反映了他们的思考、他们的成长。从某种意义上说，这样的标准，既是孩子对优秀家长的要求，也反映了时代对家长的要求。

为了评出优秀家长，我和家长委员会一起开展争当优秀家长的活动。我们组织家长做交流；我们采取学生自荐和小组讨论相结合的形式产生初选名单，然后由班委会、团支部组织考核，最后由班级家长委员会确定表彰名单。

对评选出的优秀家长如何表彰？一时，我们可犯了难。发奖状，班级没有公章，没有公章的奖状，在中国似乎就没有权威性；发奖品，可班级经费有限，难以发漂亮的纪念品；发书，效果还可以，但缺乏宣传的效果。几经思考，我们决定给优秀家长们发一幅宣传画。宣传画价格不贵，上面再写上大大的一行字："奖给优秀家长。"这样宣传画便成了家中亮丽的风景。人来人往，都会津津有味地提到"你们不简单！""是优秀家长啊！"

后来，我还特意给市电台、市报社写稿，介绍我们的做法。工作有特色，市电台、市报社都采用了。

我还建议班委会、团支部联合致函给有关单位的党支部、工会建议给予表扬。一次，我遇到一位家长，她高兴地告诉我："你们班写了表扬信到我们单位；单位又把表扬信贴到了宣传橱窗里，一下子全厂都知道了。而我每次从宣传橱窗前走过时，都要悄悄地瞄上一眼。说实在的，心里甜滋滋的。"

既能给家长以引导，又能给家长以激励，通过多种形式表扬优秀家长，是家校协同教育的有效形式。

最好的生日贺礼

六一儿童节就要到了。初二是孩子们告别青涩，走向成熟的起步阶段，是初中学生的最后一个儿童节。

在孩子成长的这一重要阶段，许多老师都为孩子举行隆重的集体生日仪式。我认为开展这样的活动非常好。这样的活动，精心设计，积极实施，会使学生激动不已，终生难忘。

我还主张，在小学、初中、高中各阶段都应该举行隆重的集体生日仪式。不同学段的集体生日应选在学生成长的重要阶段：小学四年级时的 10 岁集体生日，初中二年级时的 14 岁集体生日，高中三年级时的 18 岁成人仪式。三个学段的集体生日仪式应赋予不同的含义：小学应侧重于感恩教育，初中应侧重于理想教育，高中应侧重于责任教育。

要搞好集体生日活动，应充分发挥学校与家庭协同教育的力量，要给学生留下终生难忘的印象，要有让学生"刻骨铭心"的生日仪式象征物。

生日仪式象征物的期待是源于古代的成人仪式。华东师范大学的黄向阳老师告诉我，在古代令年轻人刻骨铭心的成人仪式，除了由德高望重的老人或首领亲自主持仪式之外，年轻人在仪式中一定会获得成年人某种特别的象征。例如，生活在泸沽湖畔的摩梭人，成年男子穿长裤，成年女子穿长裙，男女孩童则穿长衫。其成人仪式的核心就是换装仪式——脱下童装，换穿成人装束。少男穿金边大襟短上衣和宽脚长裤，系腰带、穿长靴、戴礼帽；少女穿金边大襟短上衣和百褶裙，大盘头、佩珠串、腰系彩带。男孩经过穿裤仪式，女孩经过穿裙仪式，表明他们已长大成人，可以进行社交活动。

他的介绍引发了我的思考。伴随着生活的发展，服装已难以区分年龄。但仪式象征物（或纪念物）还是需要的。对仪式象征物（或纪念物），我主张，10 岁集体生日应为父母赠送的礼品，14 岁集体生日应为父母的来信，18 岁成人仪式应为成人帽和《宪法》。

这里我想重点讨论初中阶段的仪式象征物。初中阶段，我建议应邀请家长给孩子选一件有纪念意义的礼物，写一封语重心长、情深意切的祝贺信。

以下是我所带班开展 14 岁集体生日活动时的一组镜头。

孩子，在你过集体生日时，我和爸爸赠送你一块手表。希望你像秒针那样永远不停息，好好学习，天天向上，珍惜青春的分分秒秒。你是一个班干部，我们又希望你像秒针带动分针、带动时针那样带动全班同学前进。

刚读完，会场上立刻爆发出一阵热烈的掌声，大家都被小明同学家长巧妙的比喻、真挚的情意所感动。

晶晶，你可知道？14 年前，当你还未出生的时候，你爸爸就给你起了这个名字，我们希望你的心灵像水晶一样纯洁，要求你珍惜时间，和时间赛跑，因为"晶"字，代表着 72 小时。

永海，在庆贺你 14 岁生日的时候，父母亲赠送你一本《现代汉语词典》，这本书有第一页，也有最后一页，但科学知识是没有最后一页的。愿你不畏艰险，如饥似渴，永远遨游在知识的海洋里。

会场上不时响起阵阵掌声。同学们都感到爸爸妈妈今天的话特别亲切，特别有道理。

当同学们仔细聆听我介绍的家长赠言选段时，当同学们从我手中接过一封封用大红绸带包扎的家长来信时，学生和家长、学生和老师、老师和家长的心贴近了。

要搞好这样的活动，事先的策划很重要。我在一个月前的家长会上，就向家长介绍了活动的要求，请家长们考虑为孩子们赠送一个有纪念意义的物品，写一封语重心长的祝贺信。

为了拓宽家长的思路，我还特意向家长介绍以前我班上家长的做法，他们选了哪些礼物，是如何写信的。我鼓动家长要"语不惊人死不休"，要写出"自己满意、孩子感动"的话语来。

同时，我建议家长将给孩子的信带给我时，先用一个小信封装着，写上学生的名字，不封口；再用一个大信封装好，上面写我的名字，封好口。这样，学生便一下子看不到家长的信，会产生一种"神秘感"，产生一种期待。而我根据约定，可以"先睹为快"。

我读着家长的贺信，总是心潮起伏。家长睿智的话语首先感动了我。我感到家长的教育睿语，是家长精心提炼的思想精华，是家长人生征程的真情感悟。这样的教育睿语有必要让全班同学分享。英国剧作家萧伯纳说，你有一个苹果，我有一个苹果，交换之后，每人还是一个苹果；你有一种思想，我有一种思想，交换之后，我们每人就都有了两种思想。让全班同学聆听家长的优秀贺信，就是把一种思想变成两种思想的分享过程。于是我将家长精彩的贺信摘录下来，编成"家长赠言选"，随后便有了上面的节目。事实证明，这样的做法是成功的。请家长写信，交流家长贺信，后来成了我班此类活动的保留节目。

著名教育家苏霍姆林斯基说过，生日礼物的价值，是道德价值，它是不能用物的价值来衡量的，而是用你准备带来欢乐时所倾注的精神力量来衡量。把握教育时机，讲究教育艺术，是我们每一个班主任都应该遵循的原则。在

14 岁集体生日庆典活动这一场合，不少学生将有生以来第一次得到家长语重心长的赠言，也将分享其他家长的教育智慧，其内心的震撼将是巨大的，所产生的教育效果也将是巨大的。

第八辑

班主任科研

如果你想让教师的劳动能够给教师带来一些乐趣，使天天上课不至于变成一种单调乏味的义务，那就应当引导每一位教师走上研究的这条幸福的道路。

——苏霍姆林斯基

学会做课题研究

在苏霍姆林斯基众多的精辟论述中，我最喜欢的是："如果你想让教师的劳动能够给教师带来一些乐趣，使天天上课不至于变成一种单调乏味的义务，那就应当引导每一位教师走上研究的这条幸福的道路。"

我在很多场合和老师们分享我对这句话的喜爱。我说，句中的关键词是"每一位教师""研究""幸福的道路"。"每一位"，人人皆可，具有普遍的意义；"幸福的道路"，是感受，也是路径；而其中的"研究"则明确了具体的方法。

从众多优秀班主任成长的事例分析，要想从平凡的班主任工作中感受到更多的工作快乐，那必须做课题研究；从众多优秀班主任成功的轨迹分析，要想把平凡的班主任工作做得不平凡，那也得做课题研究。

有班主任认为，一线的班主任事务繁多，不一定要做研究。但随着班主任专业化的迅猛发展，科研工作越来越重要，科研对班主任工作将起到引领作用，不是可有可无，而是必须做，是如何提高和加强的问题。

那班主任怎样做课题研究呢？从实践看，班主任的课题研究主要有两种形式：一是问题研究。问题即课题。班主任应增强问题研究意识，对工作中遇到的问题认真进行研究。二是承担正式的课题研究，按照课题立项的要求，有计划、有目标、依靠团队的力量进行研究。

1. 遇到问题多琢磨

班主任工作事多事杂，工作很辛苦，这是麻烦事，但也是好事。因为客观上，给我们提供了丰富的研究内容。我们应珍惜机遇，积极开展研究，"处处留心皆学问"。

和许多年轻的老师一样，刚走上教育岗位，我也是遇到许多困难：新教师，要站稳课堂；新班主任，要带好班级；新员工，要接受许多新任务。

我当时带了一个后进班。班上有"四大天王"，有"八大金刚"，许多老师、家长都不看好这个班。

面对后进班，我动起了脑筋。怎样改变班级面貌，当时的体育十佳评选给了我启发。我设计并开展了"争创班级小十佳"的活动：评选"班级工作最出色的同学""学习成绩最优秀的同学""赶超先进最突出的同学""遵守纪律最自觉的同学""改正错误最坚决的同学""勤学好问最主动的同学""尊敬老师最真诚的同学""体育锻炼最积极的同学""作业书写最认真的同学"和"日常相处最友爱的同学"。这些称号的设计从班情出发，给每位同学争创先进的机会。我利用班会课宣讲，利用日常时间评点，特别是利用班会课举行隆重的表彰仪式，树立榜样，弘扬正气，一下子扭转了班风。

我尝到了甜头，原来集体教育可以这样开展，原来班会课可以这样上。这样的努力收到了很好的效果。这个班发生了显著的变化，学生、家长、老师们都好评如潮。这时学校领导又给我压担子，让我连续带了三届后进班。其中遇到了许多新的问题、新的困难，如怎样上好晚自修、怎样增强班级自信心，怎样通过学校的长跑比赛凝聚班级精神等许多问题。面对这些问题，我常琢磨、多思考、勤实践。"办法总比困难多"，实践中我发现不少道道，总结不少经验，就这样摸爬滚打，问题研究推动我迅速成长。

2. 申报课题来研究

如果说遇到问题研究，是随机、被动的研究，那么申报课题就是有意、主动的研究。作为班主任，要想走得更快、走得更高，就应积极申报课题研究。

申报课题研究，有两种情况。一种是申报参加课题组研究，这个相对比较简单，你是课题组的一员，凡事组长多操心，你积极完成布置的任务就可以了。另一种是申报主持课题研究。这个要求比较高，因为凡事要自己操心。从课题选择到立项，从开题到推进，从结题到评奖，事务繁多，但得到的锻炼也会更多。我主张在积累了一定的经验后，要走申报主持课题的路。

贝纳尔说："一般说来，提出课题比解决课题更困难……所以选择课题，便成了研究课题的重要起点。"

经验告诉我们，选择课题的基本原则为：①需要。根据教育实践的发展，选择需要解决的问题。②新颖。研究的成果有新意，能对本校及他校工作有指导。③基础。是否有研究的可能，主客观条件是否具备。也就是结合我们工作的需要，结合自己的特长来思考。

申报的课题有大有小，一般从小课题做起，比如"小学低年级微班会的思考和实践""初中生学习方法指导""高一学生职业生涯规划指导"。

我个人喜欢的课题研究是"以班会课为重点的班主任专业化发展行动研究"。"以班会课为重点"体现了我的特长，凸显了工作的重点，"班主任专业化发展行动研究"又包含了更丰富的内容。

如果深入研究，平凡的事可以做得不平凡，可以有许多成果呈现。我曾经做过这样的统计，在班会课研究的发展史上，我书写下比较多的"第一"：

1989 年 6 月，第一个推出班会课班本教材《初中班（队、团）全程系列活动》。

2009 年 9 月起，撰写了《打造魅力班会课》，主编了《魅力班会课（小学卷）（初中卷）（高中卷）》《班会课 100 问》等书，形成了国内第一套班会课研究的丛书。这套丛书目前已出了 11 本，成为国内覆盖面最广、销售量最大、深受读者欢迎的班会课参考用书。

1986 年 9 月至今，在全国 400 多个市区县作怎样上好班会课专题讲座，已近 2000 场，成为班会课专题讲座最多的老师。

2012 年 6 月，第一个发布小学一年级到高中三年级班会课基本课目录。

2013 年 10 月，第一个推出《魅力班会课课堂实录精选》光盘。

2016 年 11 月，第一个开创 40 分钟上 4 节微班会（每节 10 分钟）现场研讨课模式。

2018 年 4 月，第一个开创 4 位老师 40 分钟接力上系列微班会（每节 10 分钟）现场研讨课模式。

目前已在全国 10 多个省市自治区借班上了上百节微班会课，并为许多老师借鉴。

课题研究成果多次荣获省市研究成果一等奖，得到了全国各地班主任的热烈欢迎。这样的课题研究让我收获多多。

参加工作室研修

在近两年的时间里，我们的研究力明显提高。工作室积累形成具有本校特色的60个班会课资料包，开展了班会课月度设计，初步编拟出各年级上学期班会课课程，下学期班会课课程正在编拟中，为学校班会课校本教材建设奠定了基础。

我们的研究成果得到了多方肯定。我们已在《德育报》《教师报》《福建教育（德育）》《奉贤教育·科研版》等报刊和《魅力微班会》一书中发表研究成果45篇。学员应邀在上海、浙江、安徽、陕西等地借班上课汇报交流。

这是在第11届全国中小学班会课专题研讨现场会上，上海市奉贤区古华中学班主任工作室班长杨蓓蕾老师的汇报。杨老师的汇报和现场会上古华中学班主任工作室4位老师的系列微班会展示，得到与会老师的高度好评。许多老师现场热情点评：

四节不同而又连贯的课，紧扣学段，从不同角度，遵循事情发展规律，步步深挖，巧妙引导，让孩子梦想之火从点亮到燃烧起来，巧妙用心！让不同老师用不同方式进行精彩呈现，为丁老师的引领和古华中学优秀教师团队在微班会研究上的努力而喝彩！感动，感谢！

感谢古华中学班主任工作室的分享，敬佩班主任的辛勤工作，我们为古华中学班主任工作室疯狂"打 call"！

读着老师们热情的点评，作为工作室导师的我，心情特别激动。参加工作室研修应该是班主任成长的快速通道和有效路径。

"独行快，众行既快且远。"如果学校组建了班主任工作室，班主任应积极报名参加，因为许多工作室并不能覆盖全员。参加工作室研修，就多了学习的机会、发展的路径、成长的平台。

1. 严格要求，遵守工作室的制度要求

实践中人们发现，省市的班主任工作室工作其实更好推进，因为他们有着人力、财力、课题、资源等多方面的优势，而学校的班主任工作室因为多种原因受到发展的限制。因此，严格要求自己，积极遵守工作室的各项制度要求，很重要。

要搞好学校班主任工作室，必须建立健全管理制度，如定期活动制度，每月两次，每次一个半小时，静下心来进行研修；如学员考核表彰制度，每学期按出勤、作业、实绩等进行考核，每学年评比优秀学员；又如学员研修成果分享制度，学员每学期的作业，进行编选，汇印成册，全校分享；再如学员读书保障制度，每学期为学员购买若干班主任书籍。这些规章制度，从学校层面看，是从组织建设的角度保证工作的顺利推进；而每位学员的自觉遵守、认真落实、有心维护，才能保证工作的顺利推进。

我调研过不少学校的班主任工作室，发现搞得好，都有必要的规章制度，且严格执行。搞得不好的，大多没有必要的规章制度，或即使有，也形同虚设。这与学校的管理有关，也与每位成员是否认真执行制度有关。

由于学校班主任工作室还在摸索阶段，不像学校的教研组、备课组建设

已相当成熟。因此，作为有志班主任专业发展的老师，在知晓兄弟学校班主任工作室的成功经验后，还应积极向学校领导建言献策，推进学校班主任工作室建章立制的工作。

2. 虚心学习，在研修中不断充实

班主任工作室的研究就是要提高班主任的研究力。通过实践，大家认识到要提高研究力，必须提高阅读力，要开展读书活动，开阔视野、陶冶情操、增长智慧、引领成长；要提高研究力，必须提高思维力，要开展会诊活动，聚焦身边、关注难题、破解密码、思考发展；要提高研究力，必须提高写作力，要开展写作训练，读后分享、案例撰写、教案编制、总结交流。

在这样的认识推动下，我紧扣研究力，抓住阅读力、思维力、写作力三个点，重点开展"三个一"活动，即认真研读一本书，写一篇读后感；观察思考一个问题，完成一篇工作案例；仔细打磨一节班会课，编写一篇班会课教案。

"三个一"活动抓住了班主任发展的关键点和薄弱点，但也给学员带来压力，带来挑战。有些老师已经好长时间不读书，他们感慨地说，"参加工作室学习，有了要完成的'三个一'作业，书又重新走进了我的生活，读书又成了我生活中不可或缺的一部分。""我给自己的要求是'不管有多忙，每天必须用 15 分钟时间看书'，每天晚上睡觉前的 15 分钟就成了我的'美好阅读'时光。"同样，案例撰写和教案编制也都需要学员虚心学习，认真去做。

我还主张在研修活动中要积极参加讨论，"争取先发言"，因为时间是有限的，"要有自己的见解，不重复别人的观点"，这样讨论的话题更丰富。

"三人行，必有我师焉。"在这样的研修活动中，虚心学习，就会像善于吸纳的海绵，快速地成长。

3. 积极参与，在研修中展示才华

班主任工作室的研修，从某种意义上，确实给老师增加了工作负担。要读书，完成读后感；要听课，分享观课感受；要上课，进行教案设计；要研究学生，撰写案例分析。对这些琐碎而重复的工作，是敷衍应付，还是积极参与，关系到研修的效果。

代表古华中学班主任工作室作汇报的杨蓓蕾老师是个好典型。和她的同事一样，要做班主任，要上语文课，作为孩子的母亲，还有许多家务。但是她没有怨言，积极投入。每次活动，总是第一个到达现场，每次交作业，总是又快又好，就连微信工作群，我发一个通知，她常常是第一个响应。正是这种积极参与、勇于承担的态度，她在学员中脱颖而出。短短的两年时间，就在《德育报》《新班主任》《福建教育（德育）》等报刊发表文章 10 多篇，在面向全国的班会课专题研讨现场会借班上课，并代表工作室做了精彩汇报。

我特别主张学员要争取上课展示交流的机会。因为每一次上课的打磨，就是"美丽的蜕变"。从选题到形式，从教案到学生，从本班到借班，每一个环节都是学习，每一个过程都在成长。

我非常高兴的是，我的主张在我主持的上海新纪元教育集团丁如许工作室所联系的集团众多的学校班主任工作室，比如重庆中山外国语学校杨武名班主任工作室、重庆涪陵外国语学校宋仲春名班主任工作室、潍坊新纪元学校周爱民名班主任工作室、瑞安新纪元学校潘雪慧班主任工作室、平阳新纪元学校郑朦朦班主任工作室，以及我直接担任导师的上海市奉贤区古华中学班主任工作室得到了落实。

杨蓓蕾老师在汇报结束时表示，"我们深知，我们还不是最好的，但我们一定要成为更好的。"话语不多，掷地有声。确实班主任工作室为老师们成为更好的班主任提供了重要平台、提供了快捷通道，让我们一起探索学校班主任工作室的成长之路吧！

建立班级工作资料库

要放假了，不少班主任在清理办公室时，常常把许多材料随手扔掉。

我看见这种事情，总是对老师们说，不要随便扔，那可是一座座"金矿"啊，从中我们可提炼出许多"闪光的金子"。外出讲学，和老师们聊天时，我也吃惊地发现许多老师是不注重保存资料的。这实在是太可惜了。

我说的"金矿"指班主任日常工作中积累的许多资料，如班级日记、学生作文、活动方案、活动主持词等。这些反映班级成长历程、反映学生成长心路的材料，班主任应视为宝贝，每学期要进行整理。

为了不让宝贝流失，我们要建好班级资料库。它既可以培养学生的主人公精神，提高班干部的工作能力，又有利于班主任客观全面地分析班级情况，系统地总结工作经验。

班级资料库应收有以下材料：

1. 班级日常工作资料

（1）班级日记。由全班同学轮流负责，记录时要做到"四结合四为主"：记个人与记集体相结合，以记集体为主；记当天与记以往相结合，以记当天为主；记思想认识与记实际活动相结合，以记实际活动为主；记重大题材与记普通题材相结合，以记重大题材为主。

（2）班级日志。由值日班长负责，记录班级当天情况，如课堂纪律、作业量、学生表现等。

（3）考勤簿。由副班长负责，记录学生日常出勤情况。

（4）班会课记录簿。由班长负责，记录每次班会课的情况。

（5）光荣簿。由副班长负责，记录班级的先进事迹、班级和同学们的获奖情况。

（6）各科成绩一览表。由学习委员负责制作。

（7）班级优秀作文选。由学习委员负责编选。过去我们想做有点难，今天借助电脑，我们平时注意收集，学期结束前进行汇编，装订，很快就可以完成。要想做得精致一点，还可以找文印社制作。当然这里有一个费用的问题，不过许多家长会支持这件事。我带过的班里遇到这件事时，家长们说，"这是我孩子的专著。""这是我孩子的第一本合著。""我们愿意为此买单。"不过需要强调的是，这样的作文选，应有全班每位学生的作文，当然写得好的同学可以多入选几篇。不过多入选的标准要事先明确，比如是正式发表的文章、竞赛获奖的文章等。经验告诉我们，班级优秀作文选的文章的组成为：①大作文的优作；②平时小作文的优作，如日记、随笔等；③参加征文活动的获奖文章；④在报刊上发表的文章。

（8）作业收交情况记录簿。由课代表、小组长分别做具体记录，学习委员负责整理。

（9）黑板报记录簿。由宣传委员负责，留存每期黑板报缩样。

（10）班费簿。由生活委员负责，记录班费收支情况。

（11）卫生值日记录簿。设"每天值日情况检查表""卫生包干区分工一览表"，由劳动委员和值日生负责。

（12）体育达标成绩统计表。由体育委员负责。

（13）文娱活动记录簿。由文娱委员负责。

2. 学生的作文、作业、周记等

需要说明的是，不是所有的学生文章都收存，而是选择保存有个性有特色的文章。收存时应征得学生的同意。

3. 重点学生档案

班主任应多关注各类"特殊"学生，如优秀生、后进生、特长生，有意地收集开展个别教育的资料。

4. 班主任自己的资料

如工作计划、工作总结、教育笔记（记录在班级教育与管理中成功或失败的做法）、调查报告等材料。

工作计划，有不少班主任不重视，认为是"老生常谈"，有点敷衍了事，把往年的计划复制粘贴就上交。其实不然。"凡事预则立"，当新学期即将开始时，班主任应积极谋划班级工作计划。工作计划应有明确的工作思路，有清楚的工作要点，做到"常规工作常抓不懈，常抓常新。特色工作打造亮点，突显不凡。薄弱工作加强反思，重点突破。"在往年计划的基础上，认真修改，仔细谋划，将新的做法用字体加粗的方法来表现，是有效的办法。

工作中，有时"计划"不如"变化"快。班主任要根据"变化"的情况，对已有的"计划"作必要的修改记录。这样有利于以后工作计划的制订。

工作总结，也有不少班主任不重视，认为也是"例行公事"。其实这是你梳理工作得失，总结工作经验，展示工作成果的有效形式。可以全面总结，可以专题总结。写法的变化，会给自己带来新的思考。

教育笔记很重要，我将有专题论述。

资料库建设能为我们提供宝贵的第一手资料。

当然，资料库的建设不是班主任开列条目后就能大功告成的。班主任首先要加强对学生的指导，使每位班干部明确职责，让每位同学参与其中。

资料的积累源于平时大量平凡而琐碎的工作，资料的价值在于对事实的客观记录。因此，班主任要加强检查并及时处理工作中的问题。如作业量大时，要协调作业量；如个别学生不能及时送交作业时，要分析情况，对症下药。

资料库的内容应不断完善，应既要注意保存文字资料，又要注意保存音像资料。许多班级工作应该拍照片、录像，如学生第一次到校参加军训、第一次召开家长会等，都非常珍贵；再如现在许多班会课也有 PPT、视频等教学资料，均应注意保存。

既要注意保存电子文档，又要注意保存实物。现在许多老师使用电子文档，却忽略了保存实物，这是很可惜的，实物有着不可代替的作用。

资料库的建设不仅有利于班级日常工作的管理，也为班主任进一步研究、反思、提高，提供了珍贵的材料。班主任有空时静下心来，做些整理、提炼，这些资料就会成为一座座金矿。大量的、琐碎的东西，有时看起来不太重要，但汇集起来，特别是经过了时间的磨洗后就显得非常珍贵了。这一点李镇西做得非常棒，他善于收集、保存资料。当他拿出许多泛黄的资料、许多学生都忘却了的资料时，大家非常震撼。这是一个对工作多么有心的人！苏霍姆林斯基的《帕夫雷什中学》也是通过丰富具体的学校、班级工作资料，展现了他的教育思想和实践。

因此，今天我们有意的收集、整理和利用很有必要。

坚持写作多交流

今天，班主任要把自己的工作做得更好，就必须在工作中经常进行研究，记录自己的研究成果，写下自己的研究心得，坚持写作多交流。

一提到写作，有些班主任往往以自己不是语文老师为理由而不愿动笔。其实，教育类文章的写作要求，主要是内容实在、主题鲜明、条理清楚、语句通顺。应该说，这些要求对于经常动口的班主任来说，是不难达到的。只要稍加留意，你就会发现许多优秀的班主任都是善于表达、善于写作的。而伴随着班主任专业化的发展，班主任必须"能说会写"，班主任的写作，已被列为"班主任专业技能"，成为班主任专业考核的重要内容。因此，班主任要加强练习，使自己的笔头灵活起来，思考灵动起来，做到长于写作。

长于写作，首先要明确"写什么"。一般说来，班主任常写四类文章：①班主任工作计划、总结。②教育随笔：教育教学方面的思想火花、具体做法和生动的教育故事等。③班会课教案：上班会课的教案。④经验总结、论文：思考工作经验，写成有一定理论深度的总结文章或论文。

在这四类文章中，这里重点分享如何写好教育随笔。

写教育随笔，我当初是选用一个比较精美的厚一点的硬面本。比较精美的本子能激发写作的兴趣，比较厚一点的本子可以学期为单位进行记录，硬面的本子不易损坏，便于使用，便于收藏。现在方便多了，我们可以在电脑上写作，可以在网上开个博客、或在微信朋友圈里写作。

写教育随笔，重在记实，对身边发生的事要具体记录。除叙事外，还应记下自己的思考。若干年后，当时的思考可能比事实还要珍贵。

教育案例是教育随笔中的重要体例，是有情节的教育故事及对教育故事的理性思考。一个好的教育案例，应有生动的故事和精彩的分析。

从结构上看，案例一般包含以下基本元素：

1. 主题。写案例时首先要考虑想反映什么问题，是想说明怎样转变后进生，还是想强调怎样上好班会课，动笔前要有一个比较明确的想法。写作时应该从自己最有收获的角度切入，确立主题。

2. 背景。案例应向读者交代事情发生的有关情况——时间、地点、人物、事情的起因等。要着重说明事情的发生是否有特别的原因。

3. 过程。过程是案例的重点，是展开叙述的部分。它既包含对问题的介绍，也包含对问题是如何解决的叙述。不仅要叙述问题是如何发生、如何发现、如何发展的，还要全面、详尽、细致地展现问题解决的过程——我们是如何思考、如何应对的，问题解决过程中的反复、挫折等。这一部分叙述不宜简单化、概括化，如"经过我多次耐心的谈话，学生转变了"，应通过对细节的描写，或复杂情境的再现，或生动的表述，来体现教育者的思考、应对及其效应等。

4. 结果。结果就是教育的即时效果，包括学生的反应和教师的感受等。

5. 分析。撰写案例的过程是班主任对解决问题的过程进行再分析的过程，也是梳理经验和教训的过程。涉及的问题主要有：我的思考对吗？解决问题时还存在哪些问题？学生是否真正接受了帮助？当然，分析也不必面面俱到，选择主要的方面加以思考就可以了。比如转化"后进生"的事例，我们可以从教育学、心理学、管理学等不同的理论角度切入，以揭示成功的原因和科学的规律。

要写好教育案例，还应注意以下几点：

1. 确定合适的标题。教育案例要有一个合适的标题。一般来说，确定教育案例的标题有两种方式：一是用案例中的突出事件作为标题；二是把事件中包含的主题提炼出来作为标题。标题要紧扣案例，角度新颖，表述生动。

2. 揭示人物的心理。人物的行为是故事的表面现象，人物的心理则是故事发展的内在依据。教育案例要能深入人的内心世界。由于案例都是班主任写的，注意力容易偏重于班主任这一方。自己怎么想的，怎么做的，效果如何，可以娓娓道来；但学生的心里是怎么想的，对教育效果的看法是怎么看的，往往被忽略了。因此，努力做到真实地反映学生在教育过程中的想法、感受，也是写好案例的重要一环。

3. 要努力形成独到的思考。同一件事，可以引发不同的思考。从某种意义上说，案例的质量是由认识的高低决定的。因为，选择复杂情境也好，揭示人物心理也好，把握各种结构要素也好，都是从特定的观察角度出发的。要从纷繁复杂的现象中发现问题、提出问题、解决问题，道出他人未能言者，需要我们有一双敏锐的"慧眼"。

教育案例是班主任实践与反思的结晶。"叙要生动，议要深刻"，可谓是写好教育案例的经验之谈。

近年来，兴起的教育故事则是在教育案例基础上的发展。同样是生动的故事叙事，但不需要做过多的理性分析。生动、流畅的行文风格，得到了更多班主任的欢迎。

写教育随笔，贵在坚持。班主任工作繁忙，但一定要想办法挤时间作记录。外出开会、学习时，也要坚持写。

要写好教育随笔，需要积极投入实践。只有多实践，多思考，才会有丰富的可以记录的内容。

要写好教育随笔，应注意变换写作方法。除了纪实性文章外，还可以写些札记、杂感类文章，也可以摘录些读书、读报时读到的名言佳句或者记下心得体会。

要写好教育随笔，坚持非常重要，多种写作方法的变化有助于长期坚持。

教育随笔在初写之时，有不少可能是随意之笔，但这是来自生活的鲜活的东西，有血有肉、有生命。长期坚持，笔头越来越灵活，思路也会越来越开阔，会形成有生命力的教育思考。许多教育大家的成功著作其实都是随笔成就的，如苏霍姆林斯基的著作《把整个心灵献给孩子》《给教师的一百条建议》就是作者在三十多年随笔基础上整理而成的；再如我国著名教育家魏书生的《班主任工作漫谈》，也都是从他日积月累的随笔中精选整理而成的。

长期积累的教育随笔，要精心保存。工作之余，翻翻看看，会"回味无穷"，会"感慨万千"；查查找找，会发现自己身边就有座金矿，这对研究工作很有帮助。

对教育随笔，过一段时间就应进行整理。通过整理随笔，可以反思自己前一阶段的工作，理清自己工作的得失。在这一过程中，要善于发现自己的"闪光点"。对"闪光点"，要努力挖掘，并抓紧时间整理成文，成文后要积极向报刊投稿。发现自己的"闪光点"，就如同发现学生的"闪光点"一样，具有积极的意义。

抓紧时间整理成文，不仅培养了自己的"手快"，更重要的是促进了自己的"脑勤"。不断地思考，会推动自己积极地实践，在实践中如能不断地得到成功，会使自己的发展形成"良性循环"。

我们不仅要坚持写作，记录自己的实践，表达自己的思考，还应该积极参加交流活动。

"独学而无友，则孤陋而寡闻。"交流的一种形式是网络交流。现在，许多老师自己开博发表教育笔记，或参加网上研讨，效果都非常好。大家就关注的话题进行研讨，在时空的穿越中进行思想碰撞，提高认识。

交流的另一种形式是向报刊投稿，发表文章。许多老师抱怨屡投屡不中，那么怎样提高投稿的命中率呢？首先，要认真阅读报刊，知晓它的办刊特色，以做到有针对性地向相应的栏目投稿。其次，应关注、思考工作中的"热点"问题。所谓"热点"问题，常常是社会的焦点、领导的重点、同行的难点、自己的亮点、媒体的兴奋点。第三，我们要着力打造自己的"亮点"，因为自己的"亮点"也就是"特色"。"兵贵神速"，要抓紧时间整理成文，力求有新意，表述准确、具体、生动。成文后迅速向报刊投稿。

有人说，对教师专业成长来说，读专业书籍好像"乘电梯"，教育写作则像"爬楼梯"。

"乘电梯"提升很快，"爬楼梯"则是练内功，虽然艰苦，虽然有点慢，但对素质的提升是长远的，终身受益。我非常赞同这样的认识。

在工作中认真地"写"，可以促进积极地"思"；积极地"思"，能够促进有效地"做"。一句话，坚持写作多交流，能使我们的工作跃上新的台阶。

努力形成自己的教育主张

在平凡的工作中，班主任要努力形成自己的教育主张。这些年来我在全国各地的讲课中，讲得最多的是班级活动和班会课研究。"班级活动创新""科学地设计和开展班级活动""打造魅力班会课""打造魅力微班会"，都是我先后讲述的话题。这些话题都是我40多年研究的成果，形成了具有鲜明特色的教育主张。

教育主张来源于生活。我常想起我的小学生活。那时学习比较宽松，有趣的班级活动给我留下了难忘的印象。比如，我上五年级时，全班同学一起烧芋艿汤，那去芋艿皮时怪异的手痒痒的感觉，那芋艿蘸糖吃的香甜，至今都让我回味无穷。这种掌握劳动本领的陶冶，分享集体活动甘甜的快乐，深深地影响了我。

我也常想起我的初中生活。当时的班主任年轻有朝气，新生见面时的欢迎会，国庆节前的联欢晚会，形式多样的学科竞赛，使我难以忘怀。虽然由于各个方面的原因，我们当时只安静地上了一年的文化课，但那一年的学校生活对我的影响还是深刻的。后来我做了教师，做了班主任，我就想把一些好的做法延续下去。

我曾经连续担任几届初三班的班主任。当时学校生源比较差，我接的又是后进班，里面有所谓的"四大天王""八大金刚"，不少学生在公安局里是"挂了号"的。还有的学生不好好学习，读小学竟然上两年就留级一次，被冠以"逢二退一"的外号。面对这些学生，我不抛弃，不放弃。我认为我必须关心他们，爱护他们，亲近他们，鼓励他们向前进。面对后进生较多的问题，我认为一定要抓主动教育，抓集体教育，要让他们在班级活动中长见识，增才干。为此，我设计了评选班级"小十佳"活动。活动获得了成功，班风得以转变，班级各项成绩逐渐变得突出。

在连续带了几届初三后进班后，学校将带实验班的工作交给我。这时，我有了新的思考。我想在班主任工作中有哪些工作应成为我们的常项，怎样才能让学生生活得更幸福，怎么才能让学生的综合素质有更大的提高。我认识到班主任工作需要传承，更需要创新。当时，我的想法是要进一步开展丰富多彩的班级活动。

于是，在泰州中学美丽的校园里，我和同学们一起设计系列活动的方案。我们像工程师勾画蓝图一样，讨论着，修改着，一张张纸页承载着我们的理想和希望。在一次次活动中，班集体逐渐形成、成长，并获得了不少成绩和经验。

慢慢地，我认识到，班会课应成为班主任对学生进行教育的主渠道、主课堂。我特别主张在班会课开展丰富多彩的活动，或通过班会课推进活动的开展。"没有活动，就没有教育。"我精心设计、组织开展了许多班级活动。学生总是积极地参加活动，并真实地记录活动的感受。有位学生在作文中自豪地写道："我们的班级活动是全校最出色的，也是全市乃至全省最出色的。"学生在活动中收获多多，充满了幸福感。

我对班级活动和班会课的研究也取得良好的社会反响。1989 年起，《泰州市报》《扬州日报》《文汇报》《教师报》《江苏教育》《班主任》《中学教育》《人民教育》《中国教育报》等三十多家报刊先后报道了我开展活动的实践。于是，来自大江南北的老师走进我的教室，"到泰州中学听丁老师的班会课"成为当时泰州中学的一道亮丽风景。

教育主张来源于不懈的探索。2003 年，我来到了上海。在这个创新思想极为活跃的城市里，在这个日新月异的国际化大都市里，教育更受人们关注，学生的综合素质发展更受人们关注。在这样的背景下，我的研究也得到了进一步地深入和发展。

此时在班主任专业化发展的背景下，班主任的专业素养日益为人们所关注，但同时班主任也承受着越来越大的升学压力。面对着电脑精确到小数点后两位的"闪电统计"，许多班主任在班会课上常常只是简单完成学校布置的任务，班会课便被挪作他用，成为文化课补课的"宝贵时间"。我为此感到痛心。

很快，我受命领衔上海市普陀区丁如许德育特级教师工作室。来自普陀区 7 所中小学的德育骨干和我组成志愿队，以晋元高级中学附属学校为基地学校，以班主任专业发展研究为重点，以班主任实务操作为项目，致力于班主任工作创新研究。

班会课如何设计与实施才能满足学生发展的需求？如何让班会课为班主任为学生所喜欢？我们针对班会课设计原则、基本方法、模式建构以及在设计和实施中常见的问题与解决方法，进行了认真的讨论和积极的实践。

在工作室的研究中，我们形成了许多共识：

1. 班会课是最有魅力的教育，是教育的最佳途径，对学生的成长有重要作用。因此，班主任要切实加强对班会课的研究。上好班会课是班主任的基本功。

2. 班主任要加强研究意识，做好资料积累。积累的资料成为研究的材料。班主任在上班会课时有三项常规工作：编制教案，拍摄照片，指导学生写好课堂纪实。

3. 班主任要努力打造班会课的特色课、代表作。我要求工作室的班主任每人每学期"精磨"一节班会课，争取发表，具有分享的价值。

我们的研究得到了许多方面的重视、支持。《班主任》《思想理论教育》《少先队活动》杂志先后刊载了工作室老师的班会课教案。2009 年，我主编的"魅力班会课"系列丛书开始出版，为全国各地班主任提供了精彩的案例。"打造魅力班会课"一时成为许多学校、许多班主任的行动口号和积极实践。

后来我带教上海新纪元教育集团丁如许工作室、带教上海市古华中学班主任工作室，我们根据工作实际，加强了对"短、快、小、灵"的微班会研究。我们上课实践、会议研讨，进而走向全国各地借班上课、研讨交流。"打造魅力微班会"成为"打造魅力班会课"的升级版，得到了更多学校、更多班主任的赞同。

朱永新先生在 2000 年主编《中国著名班主任德育思想录》（江苏教育出版社出版），收录了魏书生、李镇西等 7 位著名班主任的著述，我的《让班级活动成为闪光的珍珠链》收录其中。2016 年，朱永新先生再次主编《中国著名班主任德育思想录》（华东师范大学出版社出版），收录了魏书生、张万祥等 17 位著名班主任的著述，我的《打造魅力班会课》也收录其中，这说明我的教育主张历经岁月的洗礼，在实践中显示出分享的价值。

形成自己的教育主张，也是增加教育的快乐体验。在工作中有一个目标，有一个信念，有一份追求，做事就有干劲，效果就会不一样。

形成自己的教育主张，更是增加教育的责任担当。如果每位班主任都乐于实践，潜心研究，对工作有见解，有思考，中国的班主任学将呈现更多的精彩。

形成自己的教育主张，并不需要追求天下闻名，而是给自己的内心一份坚定，一份平静，一份美好。

不懈追求，乐在其中

岁月如梭。转眼四十多年过去了，我已青丝变白头。但近年来退休了的我，年年走过大江南北，一年有上百场讲座，月月要到学校，现场听课研课，网上视频会议，天天要看书读稿，伏案工作，自己也惊讶，生命洋溢着如此澎湃的活力。

作为退休教师，我现在上海新纪元教育集团兼职，主持丁如许工作室的研修。上海新纪元教育集团是一个大型的民办教育集团。总部在上海，在上海、浙江、重庆、四川、山东、云南等地都有中小学、幼儿园。原来我和集团有很好的工作联系。集团邀请我讲课、评课，组织老师参加我主持的新书编写。退休时的我决心开拓工作视野，希望关注民办教育、关注中小城市的学校、关注西部地区的学校。感谢上海新纪元教育集团给我提供了新的平台。2013 年 3 月，集团组建了丁如许工作室。虽然我带教过学校的班主任工作室，带教过普陀区德育特级教师工作室，但民办学校的工作室、跨区域的工作室，怎样开展工作，我面临着挑战。

经过认真的筹备，2013 年 9 月，丁如许工作室高研一班 1 期开班，2014 年 9 月，丁如许工作室高研一班 2 期开班。2017 年 9 月，高研二班开班。我均以空前的热情投入。我们紧扣研究力，抓住阅读力、思维力、写作力三个点，重点开展"三个一"活动，即认真研读一本书，写一篇读后感；观察思考一个问题，完成一篇工作案例；仔细打磨一节班会课，编写一篇班会课教案。研究取得了出色的成绩。学员们先后发表了60多篇班会课教案，应邀在全国各地借班上课20多场，创造了令人羡慕的班主任工作室学员成长的新纪元记录。

信息时代的迅速到来，让我们思考班会课的变革。感谢上海市奉贤区古华中学，校领导希望我带教年轻的班主任。我也希望在一个普通的城镇中学能取得经验，取得突破。因为班主任如何做好专业发展，是个难题。

我每个月要去学校。单程坐车要一个多小时，才能到达，往返就要花更多的时间。同时我还要琢磨，如何开展工作。不过潜心的投入取得了新的成果。我们"以班会课研究为重点的班主任专业化发展行动研究"，取得了更为出色的成绩。11位学员人人发表文章，工作室已发表40多篇文章，积累了高质量的班会课资料包。重点研究的"打造魅力微班会"顺应时代的发展，成为"打造魅力班会课"的升级版。2018年4月28日，在第11届全国中小学班会课专题研讨现场会上，48块展板，4节微班会，15分钟汇报，古华中学班主任工作室的详实的研究展示得到了与会老师的高度好评。作为导师，我特别地高兴，因为短短的时间，学员们取得了长足的进步。如今我又带教古华中学班主任工作室2期研修班开展了新的研修。

记得上海新纪元教育集团谢作黎副总裁曾问我，学员成长我们都看到了。我们想了解的是，这样的工作对于您，有没有意义，有没有收获。我告诉谢总，太有意义了。我在帮助学员的同时，也促进了自己的思考。而且学员们选取的新鲜题材，采用的新巧角度，运用的新颖手段，也深深地影响了我。这是一个观念不断更新、方法不断变化、研究不断持续的时代，我生活其中，活跃其中，生命之树常绿，我乐在其中。

2010年春，感谢源创书系创始人吴法源先生在源创书系初始之际，热情地邀请我总结长期担任班主任工作的经验和思考，出版了《给班主任的建议》这本书。感谢全国许多班主任的喜欢，这本书已10多次印刷，网上也有许多班主任交流阅读这本书的心得体会。

2018 年 8 月，长江文艺出版社编辑马蓓热情地联系我，希望我结合近年来新的思考，将《给班主任的建议》修订出版。于是，在"退而不休"的紧张工作中，我抓紧时间做了修改。原有的 6 个章节调整为 8 个章节，49 篇文章增至 60 篇，不少篇章做了认真的修订。我希望修订后的《给班主任的建议》能给老师们较多的帮助。如果说，我对班主任最想给的建议是什么，那就是不懈追求，乐在其中。

岁月静好，班主任工作是挑战，也是机遇。愿我们多感受生活的乐趣，感受工作的魅力，坚定快乐地前行吧！